pour Andrée
pour Ruchdi
pour Tarek
pour Ziad

Depuis que j'ai quitté le Liban en 1976 pour m'installer en France, que de fois m'a-t-on demandé, avec les meilleures intentions du monde, si je me sentais « plutôt français » ou « plutôt libanais ». Je réponds invariablement : « L'un et l'autre ! » Non par quelque souci d'équilibre ou d'équité, mais parce qu'en répondant différemment, je mentirais. Ce qui fait que je suis moi-même et pas un autre, c'est que je suis ainsi à la lisière de deux pays, de deux ou trois langues, de plusieurs traditions culturelles. C'est précisément cela qui définit mon identité. Serais-je plus authentique si je m'amputais d'une partie de moi-même ?

A ceux qui me posent la question, j'explique donc, patiemment, que je suis né au Liban, que j'y ai vécu jusqu'à l'âge de vingt-sept ans, que l'arabe est ma langue maternelle, que c'est d'abord en traduction arabe que j'ai découvert Dumas et Dickens et *Les Voyages de Gulliver*, et que c'est dans mon village de la montagne, le village de mes ancêtres, que j'ai connu mes premières joies d'enfant et entendu certaines histoires dont j'allais m'inspirer plus tard dans mes romans. Comment pourrais-je l'oublier ? Comment pourrais-je jamais m'en détacher ? Mais, d'un autre côté, je vis depuis vingt-deux ans sur la terre de France, je bois son eau et son vin, mes mains caressent chaque jour ses vieilles pierres, j'écris mes livres dans sa langue, jamais plus elle ne sera pour moi une terre étrangère.

Moitié français, donc, et moitié libanais ? Pas du tout ! L'identité ne se compartimente pas, elle ne se répartit ni par moitiés, ni par tiers, ni par plages cloisonnées. Je n'ai pas plusieurs identités, j'en ai une seule, faite de tous les éléments qui l'ont façonnée, selon un « dosage » particulier qui n'est jamais le même d'une personne à l'autre.

Parfois, lorsque j'ai fini d'expliquer, avec mille détails, pour quelles raisons précises je revendique pleinement l'ensemble de mes appartenances, quelqu'un s'approche de moi pour murmurer, la main sur mon épaule : « Vous avez eu raison de parler ainsi, mais au fin fond de vous-même, qu'est-ce que vous vous sentez ? »

Cette interrogation insistante m'a longtemps fait sourire. Aujourd'hui, je n'en souris plus. C'est qu'elle me semble révélatrice d'une vision des hommes fort répandue et, à mes yeux, dangereuse. Lorsqu'on me demande ce que je suis « au fin fond de moi-même », cela suppose qu'il y a, « au fin fond » de chacun, une seule appartenance qui compte, sa « vérité profonde » en quelque sorte, son « essence », déterminée une fois pour toutes à la naissance et qui ne changera plus ; comme si le reste, tout le reste — sa trajectoire d'homme libre, ses convictions acquises, ses préférences, sa sensibilité propre, ses affinités, sa vie, en somme —, ne comptait pour rien. Et lorsqu'on

incite nos contemporains à « affirmer leur identité » comme on le fait si souvent aujourd'hui, ce
qu'on leur dit par là c'est qu'ils doivent retrouver
au fond d'eux-mêmes cette prétendue appartenance fondamentale, qui est souvent religieuse ou
nationale ou raciale ou ethnique, et la brandir fièrement à la face des autres.

Quiconque revendique une identité plus complexe se retrouve marginalisé. Un jeune homme
né en France de parents algériens porte en lui
deux appartenances évidentes, et devrait être en
mesure de les assumer l'une et l'autre. J'ai dit
deux, pour la clarté du propos, mais les composantes de sa personnalité sont bien plus nombreuses. Qu'il s'agisse de la langue, des croyances,
du mode de vie, des relations familiales, des goûts
artistiques ou culinaires, les influences françaises,
européennes, occidentales se mêlent en lui à des
influences arabes, berbères, africaines, musulmanes... Une expérience enrichissante et féconde
si ce jeune homme se sent libre de la vivre pleinement, s'il se sent encouragé à assumer toute sa
diversité ; à l'inverse, son parcours peut s'avérer
traumatisant si chaque fois qu'il s'affirme français, certains le regardent comme un traître, voire
comme un renégat, et si chaque fois qu'il met en
avant ses attaches avec l'Algérie, son histoire, sa
culture, sa religion, il est en butte à l'incompré-
hension, à la méfiance ou à l'hostilité.

La situation est plus délicate encore de l'autre
côté du Rhin. Je songe au cas d'un Turc né il y a
trente ans près de Francfort, et qui a toujours
vécu en Allemagne dont il parle et écrit la langue
mieux que celle de ses pères. Aux yeux de sa
société d'adoption, il n'est pas allemand ; aux

yeux de sa société d'origine, il n'est plus vraiment turc. Le bon sens voudrait qu'il puisse revendiquer pleinement cette double appartenance. Mais rien dans les lois ni dans les mentalités ne lui permet aujourd'hui d'assumer harmonieusement son identité composée.

J'ai pris les premiers exemples qui me soient venus à l'esprit. J'aurais pu en citer tant d'autres. Celui d'une personne née à Belgrade d'une mère serbe mais d'un père croate. Celui d'une femme hutu mariée à un Tutsi, ou l'inverse. Celui d'un Américain de père noir et de mère juive...

Ce sont là des cas bien particuliers, penseront certains. A vrai dire, je ne le crois pas. Les quelques personnes que j'ai évoquées ne sont pas les seules à posséder une identité complexe. En tout homme se rencontrent des appartenances multiples qui s'opposent parfois entre elles et le contraignent à des choix déchirants. Pour certains, la chose est évidente au premier coup d'œil ; pour d'autres, il faut faire l'effort d'y regarder de plus près.

Qui, dans l'Europe d'aujourd'hui, ne perçoit pas un tiraillement, qui va nécessairement augmenter, entre son appartenance à une nation plusieurs fois séculaire — la France, l'Espagne, le Danemark, l'Angleterre... — et son appartenance à l'ensemble continental qui se construit ? Et que d'Européens ressentent aussi, du Pays basque jusqu'à l'Ecosse, une appartenance puissante, profonde, à une région, à son peuple, à son histoire et à sa langue ? Qui, aux Etats-Unis, peut encore envisager sa place dans la société sans référence à ses attaches antérieures — africaines, hispaniques, irlandaises, juives, italiennes, polonaises ou autres ?

Cela dit, je veux bien admettre que les premiers exemples que j'ai choisis ont quelque chose de particulier. Tous concernent des êtres portant en eux des appartenances qui, aujourd'hui, s'affrontent violemment ; des êtres frontaliers, en quelque sorte, traversés par des lignes de fracture ethniques, religieuses ou autres. En raison même de cette situation, que je n'ose appeler « privilégiée », ils ont un rôle à jouer pour tisser des liens, dissiper des malentendus, raisonner les uns, tempérer les autres, aplanir, raccommoder... Ils ont pour vocation d'être des traits d'union, des passerelles, des médiateurs entre les diverses communautés, les diverses cultures. Et c'est justement pour cela que leur dilemme est lourd de signification : si ces personnes elles-mêmes ne peuvent assumer leurs appartenances multiples, si elles sont constamment mises en demeure de choisir leur camp, sommées de réintégrer les rangs de leur tribu, alors nous sommes en droit de nous inquiéter sur le fonctionnement du monde.

« Mises en demeure de choisir », « sommées », disais-je. Sommées par qui ? Pas seulement par les fanatiques et les xénophobes de tous bords, mais par vous et moi, par chacun d'entre nous. A cause, justement, de ces habitudes de pensée et d'expression si ancrées en nous tous, à cause de cette conception étroite, exclusive, bigote, simpliste qui réduit l'identité entière à une seule appartenance, proclamée avec rage.

C'est ainsi que l'on « fabrique » des massacreurs, ai-je envie de crier ! Une affirmation un peu brusque, je l'admets, mais que je me propose d'expliciter dans les pages qui suivent.

I

MON IDENTITÉ,
MES APPARTENANCES

1

Une vie d'écriture m'a appris à me méfier des mots. Ceux qui paraissent les plus limpides sont souvent les plus traîtres. L'un de ces faux amis est justement « identité ». Nous croyons tous savoir ce que ce mot veut dire, et nous continuons à lui faire confiance même quand, insidieusement, il se met à dire le contraire.

Loin de moi l'idée de redéfinir encore et encore la notion d'identité. C'est la question primordiale de la philosophie depuis le « Connais-toi toi-même ! » de Socrate, et jusqu'à Freud, en passant par tant d'autres maîtres ; pour s'y attaquer à nouveau de nos jours, il faudrait bien plus de compétence que je n'en ai, et bien plus de témérité. La tâche que je m'assigne est infiniment plus modeste : essayer de comprendre pourquoi tant de personnes commettent aujourd'hui des crimes au nom de leur identité religieuse, ethnique, nationale, ou autre. En a-t-il été ainsi depuis l'aube des temps, ou bien y a-t-il des réalités spécifiques à notre époque ? Mes propos paraîtront quelquefois par trop élémentaires. C'est que je voudrais conduire ma réflexion le plus sereinement, le plus patiemment, le plus loyalement possible, sans recourir à aucune espèce de jargon ni à aucun raccourci trompeur.

Sur ce qu'il est convenu d'appeler « une pièce d'identité », on trouve nom, prénom, date et lieu de naissance, photo, énumération de certains traits physiques, signature, parfois aussi l'empreinte digitale — toute une panoplie d'indices pour démontrer, sans confusion possible, que le porteur de ce document est Untel, et qu'il n'existe pas, parmi les milliards d'autres humains, une seule personne avec laquelle on puisse le confondre, fût-ce son sosie ou son frère jumeau.

Mon identité, c'est ce qui fait que je ne suis identique à aucune autre personne.

Défini ainsi, le mot identité est une notion relativement précise et qui ne devrait pas prêter à confusion. A-t-on vraiment besoin de longues démonstrations pour établir qu'il n'existe pas et ne peut exister deux êtres identiques ? Même si, demain, on parvenait, comme on le redoute, à « cloner » des humains, ces clones eux-mêmes ne seraient identiques, à l'extrême rigueur, qu'à l'instant de leur « naissance » ; dès leurs premiers pas dans la vie, ils deviendraient différents.

L'identité de chaque personne est constituée d'une foule d'éléments qui ne se limitent évidemment pas à ceux qui figurent sur les registres officiels. Il y a, bien sûr, pour la grande majorité des gens, l'appartenance à une tradition religieuse ; à une nationalité, parfois deux ; à un groupe ethnique ou linguistique ; à une famille plus ou moins élargie ; à une profession ; à une institution ; à un certain milieu social... Mais la liste est bien plus longue encore, virtuellement illimitée : on peut ressentir une appartenance plus ou moins forte à une province, à un village, à un quartier, à un clan, à une équipe sportive ou professionnelle, à une bande d'amis, à un syndicat, à une entreprise, à un parti, à une association, à une paroisse, à une communauté de personnes ayant les mêmes passions, les mêmes préférences sexuelles, les mêmes handicaps physiques, ou qui sont confrontées aux mêmes nuisances.

Toutes ces appartenances n'ont évidemment pas la même importance, en tout cas pas au même moment. Mais aucune n'est totalement insignifiante. Ce sont les éléments constitutifs de la personnalité, on pourrait presque dire « les gènes de l'âme », à condition de préciser que la plupart ne sont pas innés.

Si chacun de ces éléments peut se rencontrer chez un grand nombre d'individus, jamais on ne retrouve la même combinaison chez deux personnes différentes, et c'est justement cela qui fait la richesse de chacun, sa valeur propre, c'est ce qui fait que tout être est singulier et potentiellement irremplaçable.

Il arrive qu'un accident, heureux ou malheureux, ou même une rencontre fortuite, pèse plus lourd dans notre sentiment d'identité que l'appartenance à un héritage millénaire. Imaginons le cas d'un Serbe et d'une Musulmane qui se seraient connus, il y a vingt ans, dans un café de Sarajevo, qui se seraient aimés, puis mariés. Plus jamais ils ne pourront avoir de leur identité la même perception qu'un couple entièrement serbe ou entièrement musulman : leur vision de la foi, comme de la patrie, ne sera plus la même. Chacun d'eux portera toujours en lui les appartenances que ses parents lui ont léguées à sa naissance, mais il ne les percevra plus de la même manière, il ne leur accordera plus la même place.

Ne quittons pas encore Sarajevo. Restons-y, en pensée, pour une enquête imaginaire. Observons, dans la rue, un homme d'une cinquantaine d'années.

Vers 1980, cet homme aurait proclamé : « Je suis yougoslave ! », fièrement, et sans état d'âme ; questionné d'un peu plus près, il aurait précisé qu'il habitait la République fédérée de Bosnie-Herzégovine, et qu'il venait, incidemment, d'une famille de tradition musulmane.

Le même homme, rencontré douze ans plus tard, quand la guerre battait son plein, aurait répondu spontanément, et avec vigueur : « Je suis musulman ! » Peut-être s'était-il même laissé pousser la barbe réglementaire. Il aurait aussitôt ajouté qu'il était bosniaque, et n'aurait guère apprécié qu'on lui rappelât qu'il s'affirmait naguère fièrement yougoslave.

Aujourd'hui, notre homme, interrogé dans la rue, se dirait d'abord bosniaque, puis musulman ; il se rend justement à la mosquée, préciserait-il ; mais il tient aussi à dire que son pays fait partie de l'Europe, et qu'il espère le voir un jour adhérer à l'Union.

Ce même personnage, si on le retrouve au même endroit dans vingt ans, comment voudra-t-il se définir ? Laquelle de ses appartenances mettra-t-il en premier ? Européen ? Musulman ? Bosniaque ? Autre chose ? Balkanique, peut-être ?

Je ne me hasarderai pas à faire des pronostics. Tous ces éléments font effectivement partie de son identité. Cet homme est né dans une famille de tradition musulmane ; il appartient de par sa langue aux Slaves du Sud qui furent naguère réunis dans le cadre d'un même Etat, et qui aujourd'hui ne le sont plus ; il vit sur une terre qui fut tantôt ottomane, tantôt autrichienne, et qui eut sa part dans les grands drames de l'histoire européenne. A chaque époque, l'une ou l'autre de ses appartenances s'est enflée, si j'ose dire, au point d'occulter toutes les autres et de se confondre avec son identité tout entière. On lui aura raconté, au cours de sa vie, toutes sortes de fables. Qu'il était prolétaire et rien d'autre. Qu'il était yougoslave et rien d'autre. Et, plus récemment, qu'il était musulman et rien d'autre ; on a même pu lui faire croire, pendant quelques mois difficiles, qu'il avait plus de choses en commun avec les hommes de Kaboul qu'avec ceux de Trieste !

A toutes les époques, il s'est trouvé des gens pour considérer qu'il y avait une seule appartenance majeure, tellement supérieure aux autres en toutes circonstances qu'on pouvait légitimement l'appeler « identité ». Pour les uns, la nation, pour d'autres la religion, ou la classe. Mais il suffit de promener son regard sur les différents conflits qui se déroulent à travers le monde pour se rendre compte qu'aucune appartenance ne prévaut de manière absolue. Là où les gens se sentent menacés dans leur foi, c'est l'appartenance religieuse qui semble résumer leur identité entière. Mais si c'est leur langue maternelle et leur groupe ethnique qui sont menacés, alors ils se battent farouchement contre leurs propres coreligionnaires. Les Turcs et les Kurdes sont également musulmans, mais diffèrent par la langue ; leur conflit en est-il moins sanglant ? Les Hutus comme les Tutsis sont catholiques et ils parlent la même langue, cela les a-t-il empêchés de se massacrer ? Tchèques et Slovaques sont également catholiques, cela a-t-il favorisé la vie commune ?

Tous ces exemples pour insister sur le fait que s'il existe, à tout moment, parmi les éléments qui constituent l'identité de chacun, une certaine hiérarchie, celle-ci n'est pas immuable, elle change avec le temps et modifie en profondeur les comportements.

Les appartenances qui comptent dans la vie de chacun ne sont d'ailleurs pas toujours celles, réputées majeures, qui relèvent de la langue, de la peau, de la nationalité, de la classe ou de la religion. Prenons le cas d'un homosexuel italien à l'époque du fascisme. Pour lui, cet aspect spécifique de sa personnalité avait son importance, j'imagine, mais pas plus que son activité professionnelle, ses choix politiques, ou ses croyances religieuses. Soudain, la répression étatique s'abat sur lui, il se sent menacé d'humiliation, de déportation, de mort — en choisissant cet exemple, je fais évidemment appel à certaines réminiscences littéraires et cinématographiques. Cet homme, donc, qui avait été, quelques années auparavant, patriote, et peut-être nationaliste, ne pouvait désormais plus se réjouir en voyant défiler les troupes italiennes, sans doute même en vint-il à souhaiter leur défaite. A cause de la persécution, ses préférences sexuelles allaient prendre le pas sur ses autres appartenances, éclipsant même l'appartenance nationale qui atteignait pourtant, à l'époque, son paroxysme. C'est seulement après la guerre, dans une Italie plus tolérante, que notre homme se serait de nouveau senti pleinement italien.

Souvent, l'identité que l'on proclame se calque — en négatif — sur celle de l'adversaire. Un Irlandais catholique se différencie des Anglais par la religion d'abord, mais il s'affirmera, face à la monarchie, républicain, et s'il ne connaît pas suffisamment le gaélique, du moins parlera-t-il l'anglais à sa manière ; un dirigeant catholique qui s'exprimerait avec l'accent d'Oxford apparaîtrait presque comme un renégat.

Il y aurait, là encore, des dizaines d'exemples pour illustrer la complexité — parfois souriante, souvent tragique — des mécanismes de l'identité. J'en citerai plusieurs au fil des pages qui suivent, les uns succinctement, d'autres plus en détail ; surtout ceux qui concernent la région d'où je viens — le Proche-Orient, la Méditerranée, le monde arabe, et d'abord le Liban. Un pays où l'on est constamment amené à s'interroger sur ses appartenances, sur ses origines, sur ses rapports avec les autres, et sur la place qu'on peut occuper au soleil ou à l'ombre.

2

Il m'arrive de faire quelquefois ce que j'appellerais « mon examen d'identité », comme d'autres font leur examen de conscience. Mon but n'étant pas — on l'aura compris — de retrouver en moi-même une quelconque appartenance « essentielle » dans laquelle je puisse me reconnaître, c'est l'attitude inverse que j'adopte : je fouille ma mémoire pour débusquer le plus grand nombre d'éléments de mon identité, je les assemble, je les aligne, je n'en renie aucun.

Je viens d'une famille originaire du sud arabique, implantée dans la montagne libanaise depuis des siècles, et qui s'est répandue depuis, par migrations successives, dans divers coins du globe, de l'Egypte au Brésil, et de Cuba à l'Australie. Elle s'enorgueillit d'avoir toujours été à la fois arabe et chrétienne, probablement depuis le IIe ou le IIIe siècle, c'est-à-dire bien avant l'émergence de l'islam et avant même que l'Occident ne se soit converti au christianisme.

Le fait d'être chrétien et d'avoir pour langue maternelle l'arabe, qui est la langue sacrée de l'islam, est l'un des paradoxes fondamentaux qui ont forgé mon identité. Parler cette langue tisse pour moi des liens avec tous ceux qui l'utilisent chaque jour dans leurs prières et qui, dans leur très grande majorité, la connaissent moins bien que moi ; lorsqu'on se trouve en Asie centrale, et qu'on rencontre un vieil érudit au seuil d'une *medersa* timuride, il suffit de s'adresser à lui en arabe pour qu'il se sente en terre amie, et pour qu'il parle avec le cœur comme il ne se hasarderait jamais à le faire en russe ou en anglais.

Cette langue, elle nous est commune, à lui, à moi, et à plus d'un milliard d'autres personnes. Par ailleurs, mon appartenance au christianisme — qu'elle soit profondément religieuse ou seulement sociologique, là n'est pas la question — crée elle aussi un lien significatif entre moi et les quelque deux milliards de chrétiens dans le monde. Bien des choses me séparent de chaque chrétien, comme de chaque Arabe et de chaque musulman, mais il y a aussi avec chacun d'eux une parenté indéniable, dans un cas religieuse et intellectuelle, dans l'autre linguistique et culturelle.

Cela dit, le fait d'être à la fois arabe et chrétien est une situation fort spécifique, très minoritaire, et pas toujours facile à assumer ; elle marque profondément et durablement la personne ; s'agissant de moi, je ne nierai pas qu'elle a été déterminante dans la plupart des décisions que j'ai dû prendre au cours de ma vie, y compris celle d'écrire ce livre.

Ainsi, en considérant séparément ces deux éléments de mon identité, je me sens proche, soit par la langue soit par la religion, d'une bonne moitié de l'humanité ; en prenant ces deux mêmes critères simultanément, je me retrouve confronté à ma spécificité.

Je pourrais reprendre la même observation avec d'autres appartenances : le fait d'être français, je le partage avec une soixantaine de millions de personnes ; le fait d'être libanais, je le partage avec huit à dix millions de personnes, en comptant la diaspora ; mais le fait d'être à la fois français et libanais, avec combien de personnes est-ce que je le partage ? Quelques milliers, tout au plus.

Chacune de mes appartenances me relie à un grand nombre de personnes ; cependant, plus les appartenances que je prends en compte sont nombreuses, plus mon identité s'avère spécifique.

Si je m'étendais un peu plus sur mes origines, je devrais préciser que je suis né au sein de la communauté dite grecque-catholique, ou melkite, qui reconnaît l'autorité du pape tout en demeurant fidèle à certains rites byzantins. Vue de loin, cette appartenance n'est qu'un détail, une curiosité ; vue de près, c'est un aspect déterminant de mon identité : dans un pays comme le Liban, où les communautés les plus puissantes se sont longuement battues pour leur territoire et pour leur part de pouvoir, les membres des communautés très minoritaires comme la mienne ont rarement pris les armes, et ils ont été les premiers à s'exiler. J'ai, quant à moi, toujours refusé de m'impliquer dans cette guerre que je jugeais absurde et suicidaire ; mais ce jugement, ce regard distant, ce refus de prendre les armes ne sont pas sans rapport avec mon appartenance à une communauté marginalisée.

Melkite, donc. Cependant, si quelqu'un s'amu-

sait à chercher, un jour, mon nom sur les registres
d'état civil — qui, au Liban, on s'en doute, sont
établis en fonction de l'appartenance religieuse —,
ce n'est pas chez les melkites qu'il me trouverait
mentionné, mais dans le registre des protestants.
Pour quelle raison ? Ce serait bien trop long à
raconter. Je me contenterai de dire ici qu'il y avait,
dans notre famille, deux traditions religieuses
rivales, et que je fus, tout au long de mon enfance,
témoin de ces tiraillements ; témoin, et parfois
même enjeu : si je fus inscrit à l'école française,
celle des pères jésuites, c'est parce que ma mère,
résolument catholique, tenait à me soustraire à
l'influence protestante qui prévalait alors dans ma
famille paternelle où l'on dirigeait traditionnellement les enfants vers les écoles américaines ou
anglaises ; c'est à cause de ce conflit que je me
retrouve francophone, c'est en conséquence de
cela que je suis venu m'installer, pendant la guerre
du Liban, à Paris plutôt qu'à New York, à Vancou-
ver ou à Londres, et que je me suis mis à écrire
en français.

Vais-je aligner d'autres détails encore de mon
identité ? Parlerai-je de ma grand-mère turque, de
son époux maronite d'Egypte, et de cet autre
grand-père, mort bien avant ma naissance, et
dont on me dit qu'il fut poète, libre-penseur, peut-
être franc-maçon, et en tout cas violemment anti-
clérical ? Remonterai-je jusqu'à cet arrière-
arrière-grand-oncle qui fut le premier à traduire
Molière en arabe et à le faire jouer en 1848 sur
les planches d'un théâtre ottoman ?

Non, cela suffit, je m'arrête là, pour demander :
ces quelques éléments disparates qui ont façonné
mon identité et esquissé, dans les grandes lignes,

mon itinéraire, combien de mes semblables les partagent avec moi ? Bien peu. Peut-être même aucun. Et c'est bien sur cela que je voudrais insister : grâce à chacune de mes appartenances, prise séparément, j'ai une certaine parenté avec un grand nombre de mes semblables ; grâce aux mêmes critères, pris tous ensemble, j'ai mon identité propre, qui ne se confond avec aucune autre.

En extrapolant à peine, je dirai : avec chaque être humain, j'ai quelques appartenances communes ; mais aucune personne au monde ne partage toutes mes appartenances, ni même une grande partie de celles-ci ; sur les dizaines de critères que je pourrais aligner, il suffirait d'une poignée pour que mon identité spécifique soit nettement établie, différente de celle d'un autre, fût-il mon propre fils ou mon père.

Avant de me lancer dans l'écriture des pages qui précèdent, j'avais longuement hésité. Devais-je m'étendre ainsi, dès le commencement du livre, sur mon propre cas ?

D'une part, je tenais à dire, en me servant de l'exemple qui m'est le plus familier, de quelle manière, avec quelques critères d'appartenance, on peut affirmer à la fois ses liens avec ses semblables et sa spécificité. D'autre part, je n'ignorais pas que, plus on va loin dans l'analyse d'un cas particulier, plus on court le risque de se voir rétorquer que c'est justement là un cas particulier.

Finalement, je me suis jeté à l'eau, persuadé que toute personne de bonne foi qui chercherait à faire son propre « examen d'identité » ne tarderait pas à découvrir qu'elle est, tout autant que moi, un cas particulier. L'humanité entière n'est faite que de cas particuliers, la vie est créatrice de différences, et s'il y a « reproduction », ce n'est jamais à l'identique. Chaque personne, sans exception aucune, est dotée d'une identité composite ; il lui suffirait de se poser quelques questions pour débusquer des fractures oubliées, des ramifications insoupçonnées, et pour se découvrir complexe, unique, irremplaçable.

C'est justement cela qui caractérise l'identité de chacun : complexe, unique, irremplaçable, ne se confondant avec aucune autre. Si j'insiste à ce point, c'est à cause de cette habitude de pensée tellement répandue encore, et à mes yeux fort pernicieuse, d'après laquelle, pour affirmer son identité, on devrait simplement dire « je suis arabe », « je suis français », « je suis noir », « je suis serbe », « je suis musulman », « je suis juif » ; celui qui aligne, comme je l'ai fait, ses multiples appartenances est immédiatement accusé de vouloir « dissoudre » son identité dans une soupe informe où toutes les couleurs s'effaceraient. C'est pourtant l'inverse que je cherche à dire. Non pas que tous les humains sont pareils, mais que chacun est différent. Sans doute un Serbe est-il différent d'un Croate, mais chaque Serbe est également différent de tout autre Serbe, et chaque Croate est différent de tout autre Croate. Et si un chrétien libanais est différent d'un musulman libanais, je ne connais pas deux chrétiens libanais qui soient identiques, ni deux musulmans, pas plus qu'il n'existe dans le monde deux Français, deux Africains, deux Arabes ou deux Juifs identiques. Les personnes ne sont pas interchangeables, et il est fréquent de trouver, au sein de la même famille rwandaise ou irlandaise ou libanaise ou algérienne ou bosniaque, entre deux frères qui ont vécu dans le même environnement, des différences en apparence minimes mais qui les feront réagir, en matière de politique, de religion ou de vie quotidienne, aux antipodes l'un de l'autre ; qui feront même de l'un d'eux un tueur, et de l'autre un homme de dialogue et de conciliation.

Tout ce que je viens de dire, peu de gens songeraient à le contester explicitement. Mais nous nous comportons tous comme s'il en était autrement. Par facilité, nous englobons les gens les plus différents sous le même vocable, par facilité aussi nous leur attribuons des crimes, des actes collectifs, des opinions collectives — « les Serbes ont massacré... », « les Anglais ont saccagé... », « les Juifs ont confisqué... », « les Noirs ont incendié... », « les Arabes refusent... » Sans état d'âme nous émettons des jugements sur telle ou telle population qui serait « travailleuse », « habile » ou « paresseuse », « susceptible », « sournoise », « fière » ou « obstinée », et cela se termine quelquefois dans le sang.

Je sais qu'il n'est pas réaliste d'attendre de tous nos contemporains qu'ils modifient du jour au lendemain leurs habitudes d'expression. Mais il me paraît important que chacun de nous prenne conscience du fait que ses propos ne sont pas innocents, et qu'ils contribuent à perpétuer des préjugés qui se sont avérés, tout au long de l'Histoire, pervers et meurtriers.

Car c'est notre regard qui enferme souvent les autres dans leurs plus étroites appartenances, et c'est notre regard aussi qui peut les libérer.

3

L'identité n'est pas donnée une fois pour toutes, elle se construit et se transforme tout au long de l'existence. Bien des livres l'ont déjà dit, et abondamment expliqué, mais il n'est pas inutile de le souligner encore : les éléments de notre identité qui sont déjà en nous à la naissance ne sont pas très nombreux — quelques caractéristiques physiques, le sexe, la couleur... Et même là, d'ailleurs, tout n'est pas inné. Bien que ce ne soit évidemment pas l'environnement social qui détermine le sexe, c'est lui néanmoins qui détermine le sens de cette appartenance ; naître fille à Kaboul ou à Oslo n'a pas la même signification, on ne vit pas de la même manière sa féminité, ni aucun autre élément de son identité...

S'agissant de la couleur, on pourrait formuler une remarque similaire. Naître noir à New York, à Lagos, à Pretoria ou à Luanda n'a pas la même signification, on pourrait presque dire qu'il ne s'agit pas de la même couleur, du point de vue identitaire. Pour un enfant qui voit le jour au Nigeria, l'élément le plus déterminant pour son identité n'est pas d'être noir plutôt que blanc, mais d'être yoruba, par exemple, plutôt que haoussa. En Afrique du Sud, être noir ou blanc demeure un élément significatif de l'identité ; mais l'appartenance ethnique — zoulou, xhosa, etc. — est au moins aussi significative. Aux Etats-Unis, descendre d'un ancêtre yoruba plutôt que haoussa est parfaitement indifférent ; c'est surtout chez les Blancs — italiens, anglais, irlandais ou autres — que l'origine ethnique est déterminante pour l'identité. Par ailleurs, une personne qui aurait parmi ses ancêtres à la fois des Blancs et des Noirs serait considérée comme « noire » aux Etats-Unis, alors qu'en Afrique du Sud ou en Angola elle serait considérée comme « métisse ».

Pourquoi la notion de métissage est-elle prise en considération dans certains pays et pas dans d'autres ? Pourquoi l'appartenance ethnique est-elle déterminante dans certaines sociétés, et pas dans d'autres ? On pourrait avancer, pour chaque cas, diverses explications plus ou moins convaincantes. Mais ce n'est pas ce qui me préoccupe à ce stade. J'ai seulement mentionné ces exemples pour insister sur le fait que même la couleur et le sexe ne sont pas des éléments « absolus » d'identité... A plus forte raison, tous les autres éléments sont plus relatifs encore.

Pour prendre la mesure de ce qui est véritablement inné parmi les éléments de l'identité, il y a un jeu mental éminemment révélateur : imaginer un nourrisson que l'on retirerait de son milieu à l'instant même de sa naissance pour le placer dans un environnement différent ; comparer alors les diverses « identités » qu'il pourrait acquérir, les combats qu'il aurait à mener et ceux qui lui seraient épargnés... Est-il besoin de préciser qu'il n'aurait aucun souvenir de « sa » religion d'origine, ni de « sa » nation, ni de « sa » langue, et qu'il pourrait se retrouver en train de combattre avec acharnement ceux qui auraient dû être les siens ?

Tant il est vrai que ce qui détermine l'appartenance d'une personne à un groupe donné, c'est essentiellement l'influence d'autrui ; l'influence des proches — parents, compatriotes, coreligionnaires — qui cherchent à se l'approprier, et l'influence de ceux d'en face, qui s'emploient à l'exclure. Chacun d'entre nous doit se frayer un chemin entre les voies où on le pousse, et celles qu'on lui interdit ou qu'on sème d'embûches sous ses pieds ; il n'est pas d'emblée lui-même, il ne se contente pas de « prendre conscience » de ce qu'il est, il devient ce qu'il est ; il ne se contente pas de « prendre conscience » de son identité, il l'acquiert pas à pas.

L'apprentissage commence très tôt, dès la première enfance. Volontairement ou pas, les siens le modèlent, le façonnent, lui inculquent des croyances familiales, des rites, des attitudes, des conventions, la langue maternelle bien sûr, et puis des frayeurs, des aspirations, des préjugés, des rancœurs, ainsi que divers sentiments d'appartenance comme de non-appartenance.

Et très tôt aussi, à la maison comme à l'école ou dans la rue voisine, surviennent les premières égratignures. Les autres lui font sentir, par leurs paroles, par leurs regards, qu'il est pauvre, ou boiteux, ou petit de taille, ou « haut-sur-pattes », ou basané, ou trop blond, ou circoncis, ou non circoncis, ou orphelin — ces innombrables différences, minimes ou majeures, qui tracent les contours de chaque personnalité, forgent les comportements, les opinions, les craintes, les ambitions, qui souvent s'avèrent éminemment formatrices mais qui parfois blessent pour toujours.

Ce sont ces blessures qui déterminent, à chaque étape de la vie, l'attitude des hommes à l'égard de leurs appartenances, et la hiérarchie entre celles-ci. Lorsqu'on a été brimé à cause de sa religion, lorsqu'on a été humilié ou raillé à cause de sa peau, ou de son accent, ou de ses habits rapiécés, on ne l'oubliera pas. J'ai constamment insisté jusqu'ici sur le fait que l'identité est faite de multiples appartenances ; mais il est indispensable d'insister tout autant sur le fait qu'elle est une, et que nous la vivons comme un tout. L'identité d'une personne n'est pas une juxtaposition d'appartenances autonomes, ce n'est pas un « patchwork », c'est un dessin sur une peau tendue ; qu'une seule appartenance soit touchée, et c'est toute la personne qui vibre.

On a souvent tendance à se reconnaître, d'ailleurs, dans son appartenance la plus attaquée ; parfois, quand on ne se sent pas la force de la défendre, on la dissimule, alors elle reste au fond de soi-même, tapie dans l'ombre, attendant sa revanche ; mais qu'on l'assume ou qu'on la cache, qu'on la proclame discrètement ou bien avec fracas, c'est à elle qu'on s'identifie. L'appartenance qui est en cause — la couleur, la religion, la langue, la classe... — envahit alors l'identité entière. Ceux qui la partagent se sentent solidaires, ils se rassemblent, se mobilisent, s'encouragent mutuellement, s'en prennent à « ceux d'en face ». Pour eux, « affirmer leur identité » devient forcément un acte de courage, un acte libérateur...

Au sein de chaque communauté blessée apparaissent naturellement des meneurs. Enragés ou calculateurs, ils tiennent les propos jusqu'au-boutistes qui mettent du baume sur les blessures. Ils disent qu'il ne faut pas mendier auprès des autres le respect, qui est un dû, mais qu'il faut le leur imposer. Ils promettent victoire ou vengeance, enflamment les esprits, et se servent quelquefois des moyens extrêmes dont certains de leurs frères meurtris avaient pu rêver en secret. Désormais, le décor est planté, la guerre peut commencer. Quoi qu'il arrive, « les autres » l'auront mérité, « nous » avons un souvenir précis de « tout ce qu'ils nous ont fait endurer » depuis l'aube des temps. Tous les crimes, toutes les exactions, toutes les humiliations, toutes les frayeurs, des noms, des dates, des chiffres.

Pour avoir vécu dans un pays en guerre, dans un quartier soumis à un bombardement en provenance du quartier voisin, pour avoir passé une nuit ou deux dans un sous-sol transformé en abri, avec ma jeune femme enceinte et mon fils en bas âge, les bruits des explosions au-dehors, et au-dedans mille rumeurs sur l'imminence d'une attaque ainsi que mille racontars sur des familles égorgées, je sais parfaitement que la peur pourrait faire basculer n'importe quelle personne dans le crime. Si, au lieu de rumeurs mensongères, il y avait eu dans mon quartier un véritable massacre, aurais-je gardé longtemps le même sang-froid ? Si, au lieu de passer deux jours dans cet abri, j'avais dû y passer un mois, aurais-je refusé de tenir l'arme qu'on m'aurait mise dans les mains ?

Je préfère ne pas me poser ces questions avec trop d'insistance. J'ai eu la chance de n'avoir pas été durement éprouvé, j'ai eu la chance de sortir très tôt de la fournaise avec les miens indemnes, j'ai eu la chance de garder les mains propres et la conscience limpide. Mais je dis « chance », oui, parce que les choses auraient pu se passer tout autrement si, au début de la guerre du Liban, j'avais eu seize ans au lieu d'en avoir vingt-six, si j'avais perdu un être cher, si j'avais appartenu à un autre milieu social, à une autre communauté...

Après chaque nouveau massacre ethnique, nous nous demandons, à juste titre, comment des êtres humains en arrivent à commettre de telles atrocités. Certains déchaînements nous paraissent incompréhensibles, leur logique semble indéchiffrable. Alors nous parlons de folie meurtrière, de folie sanguinaire, ancestrale, héréditaire. En un sens, il y a bien folie. Lorsqu'un homme par ailleurs sain d'esprit se transforme du jour au lendemain en tueur, il y a bien folie. Mais lorsqu'ils sont des milliers, des millions de tueurs, lorsque le phénomène se reproduit dans un pays après l'autre, au sein de cultures différentes, chez les adeptes de toutes les religions comme chez ceux qui n'en professent aucune, dire « folie » ne suffit plus. Ce que nous appelons commodément « folie meurtrière », c'est cette propension de nos semblables à se muer en massacreurs lorsqu'ils sentent leur « tribu » menacée. Le sentiment de peur ou d'insécurité n'obéit pas toujours à des considérations rationnelles, il arrive qu'il soit exagéré et même paranoïaque ; mais à partir du moment où une population a peur, c'est la réalité de la peur qui doit être prise en considération plus que la réalité de la menace.

Je ne pense pas que telle ou telle appartenance ethnique, religieuse, nationale ou autre prédispose au meurtre. Il suffit de passer en revue les événements de ces dernières années pour constater que toute communauté humaine, pour peu qu'elle se sente humiliée ou menacée dans son existence, aura tendance à produire des tueurs, qui commettront les pires atrocités en étant convaincus d'être dans leur droit, de mériter le Ciel et l'admiration de leurs proches. En chacun de nous existe un Mr Hyde ; le tout est d'empêcher que les conditions d'émergence du monstre ne soient rassemblées.

Je ne me hasarderai pas à fournir une explication universelle à tous les massacres, et encore moins à proposer un remède miracle. Je ne crois pas plus aux solutions simplistes qu'aux identités simplistes. Le monde est une machine complexe qui ne se démonte pas avec un tournevis. Ce qui ne doit pas nous interdire d'observer, de chercher à comprendre, de spéculer, de discuter, et de suggérer parfois telle ou telle voie de réflexion.

Celle qui court en filigrane tout au long de ce livre pourrait se formuler comme suit : si les hommes de tous pays, de toutes conditions, de toutes croyances se transforment aussi facilement en massacreurs, si les fanatiques de tous poils parviennent aussi facilement à s'imposer comme les défenseurs de l'identité, c'est parce que la conception « tribale » de l'identité qui prévaut encore dans le monde entier favorise une telle dérive ; une conception héritée des conflits du passé, que beaucoup d'entre nous rejetteraient s'ils l'examinaient de plus près, mais à laquelle nous continuons à adhérer par habitude, par manque d'imagination, ou par résignation, contribuant ainsi, sans le vouloir, aux drames par lesquels nous serons demain sincèrement bouleversés.

4

Dès le commencement de ce livre je parle d'identités « meurtrières » — cette appellation ne me paraît pas abusive dans la mesure où la conception que je dénonce, celle qui réduit l'identité à une seule appartenance, installe les hommes dans une attitude partiale, sectaire, intolérante, dominatrice, quelquefois suicidaire, et les transforme bien souvent en tueurs, ou en partisans des tueurs. Leur vision du monde en est biaisée et distordue. Ceux qui appartiennent à la même communauté sont « les nôtres », on se veut solidaire de leur destin mais on se permet aussi d'être tyrannique à leur égard ; si on les juge « tièdes », on les dénonce, on les terrorise, on les punit comme « traîtres » et « renégats ». Quant aux autres, quant à ceux de l'autre bord, on ne cherche jamais à se mettre à leur place, on se garde bien de se demander si, sur telle ou telle question, ils pourraient ne pas être complètement dans leur tort, on évite de se laisser adoucir par leurs plaintes, par leurs souffrances, par les injustices dont ils ont été victimes. Seul compte le point de vue des « nôtres », qui est souvent celui des plus militants de la communauté, des plus démagogues, des plus enragés.

A l'inverse, dès lors qu'on conçoit son identité comme étant faite d'appartenances multiples, certaines liées à une histoire ethnique et d'autres pas, certaines liées à une tradition religieuse et d'autres pas, dès lors que l'on voit en soi-même, en ses propres origines, en sa trajectoire, divers confluents, diverses contributions, divers métissages, diverses influences subtiles et contradictoires, un rapport différent se crée avec les autres, comme avec sa propre « tribu ». Il n'y a plus simplement « nous », et « eux » — deux armées en ordre de bataille qui se préparent au prochain affrontement, à la prochaine revanche. Il y a désormais, de « notre » côté, des personnes avec lesquelles je n'ai finalement que très peu de choses en commun, et il y a, de « leur » côté, des personnes dont je peux me sentir extrêmement proche.

Mais pour en revenir à l'attitude précédente, on imagine bien de quelle manière elle peut pousser les hommes aux pires extrémités : s'ils ont le sentiment que « les autres » constituent une menace pour leur ethnie, leur religion ou leur nation, tout ce qu'ils pourraient faire afin d'écarter cette menace leur paraît parfaitement légitime ; même lorsqu'ils en arrivent à commettre des massacres, ils sont persuadés qu'il s'agit là d'une mesure nécessaire pour préserver la vie de leurs proches. Et comme tous ceux qui gravitent autour d'eux partagent ce sentiment, les massacreurs ont souvent bonne conscience, et s'étonnent de s'entendre appeler criminels. Criminels, ils ne peuvent pas l'être, jurent-ils, puisqu'ils cherchent seulement à protéger leur vieille mère, leurs frères et sœurs, et leurs enfants.

Ce sentiment d'agir pour la survie des siens, d'être porté par leurs prières, et d'être, sinon dans l'immédiat, du moins sur le long terme, en état de légitime défense, est une caractéristique commune de tous ceux qui, au cours des dernières années, en divers coins du globe, du Rwanda à l'ancienne Yougoslavie, ont commis les crimes les plus abominables.

Il ne s'agit pas de quelques cas isolés, le monde est couvert de communautés blessées, qui subissent aujourd'hui encore des persécutions ou qui gardent le souvenir de souffrances anciennes ; et qui rêvent d'obtenir vengeance. Nous ne pouvons demeurer insensibles à leur calvaire, nous ne pouvons que compatir avec leur désir de parler librement leur langue, de pratiquer sans crainte leur religion ou de préserver leurs traditions. Mais de la compassion, nous glissons parfois vers la complaisance. A ceux qui ont souffert de l'arrogance coloniale, du racisme, de la xénophobie, nous pardonnons les excès de leur propre arrogance nationaliste, de leur propre racisme et de leur propre xénophobie, et nous nous désintéressons par là même du sort de leurs victimes, du moins tant que le sang n'a pas coulé à flots.

C'est qu'on ne sait jamais où s'arrête la légitime affirmation de l'identité, et où commence l'empiétement sur les droits des autres ! Ne disais-je pas tantôt que le mot « identité » était un « faux ami » ? Il commence par refléter une aspiration légitime, et soudain il devient un instrument de guerre. Le glissement d'un sens à l'autre est imperceptible, comme naturel, et nous nous y

laissons tous prendre quelquefois. Nous dénon-
çons une injustice, nous défendons les droits
d'une population qui souffre, et nous nous retrouvons le lendemain complices d'une tuerie.

Tous les massacres qui ont eu lieu au cours des
dernières années, ainsi que la plupart des conflits
sanglants, sont liés à des « dossiers » identitaires
complexes et fort anciens ; quelquefois, les victimes sont désespérément les mêmes, depuis toujours ; quelquefois, les rapports s'inversent, les
bourreaux d'hier deviennent victimes et les victimes se transforment en bourreaux. Il faut dire
que ces mots eux-mêmes n'ont un sens que pour
les observateurs extérieurs ; pour ceux qui sont
directement impliqués dans ces conflits identitaires, pour ceux qui ont souffert, pour ceux qui
ont eu peur, il y a simplement « nous » et « eux »,
l'injure et la réparation, rien d'autre ! « Nous »
sommes forcément, et par définition, victimes
innocentes, et « eux » sont forcément coupables,
coupables depuis longtemps, et quoi qu'ils
puissent endurer à présent.

Et lorsque notre regard, je veux dire celui des
observateurs extérieurs, se mêle de ce jeu pervers,
lorsque nous installons telle communauté dans le
rôle de l'agneau, et telle autre dans le rôle du loup,
ce que nous faisons, à notre insu, c'est d'accorder
par avance l'impunité aux crimes des uns. On a
même vu, dans des conflits récents, certaines fac-
tions commettre des atrocités contre leur propre
population parce qu'elles savaient que l'opinion
internationale accuserait spontanément leurs
adversaires.

A cette forme de complaisance s'ajoute une autre, tout aussi malencontreuse. Celle des éternels sceptiques qui, à chaque nouveau massacre identitaire, s'empressent de décréter qu'il en a été de même depuis l'aube de l'Histoire et qu'il serait illusoire et naïf d'espérer que les choses changent. Les massacres ethniques sont quelquefois traités, consciemment ou pas, comme des crimes passionnels collectifs, certes regrettables mais compréhensibles et en tout cas inévitables, car « inhérents à la nature humaine »...

Cette attitude de laisser-tuer a déjà causé bien des dégâts, et le réalisme dont elle se réclame me semble usurpé. Que la conception « tribale » de l'identité soit, à l'heure actuelle, celle qui prévaut encore dans le monde entier, et pas seulement chez les fanatiques, c'est, hélas, la pure vérité. Mais bien des conceptions ont prévalu depuis des siècles, qui ne sont plus acceptables aujourd'hui, tels la suprématie « naturelle » de l'homme par rapport à la femme, la hiérarchie entre les races ou même, plus près de nous, l'apartheid et les diverses ségrégations. Longtemps aussi la torture fut considérée comme « normale » dans la pratique de la justice, et l'esclavage apparut longtemps comme une réalité de la vie, que de grands esprits du passé se gardaient bien de remettre en cause.

Puis des idées nouvelles ont lentement réussi à s'imposer : l'idée que tout homme avait des droits qu'il fallait définir et respecter ; l'idée que les femmes devaient avoir les mêmes droits que les hommes ; l'idée que la nature aussi méritait d'être préservée ; l'idée qu'il existe, pour tous les humains, des intérêts communs, dans des

domaines de plus en plus nombreux — l'environnement, la paix, les échanges internationaux, la
lutte contre les grands fléaux ; l'idée qu'on pouvait
ou même qu'on devait s'ingérer dans les affaires
internes des pays lorsque les droits fondamentaux
de l'être humain n'étaient pas respectés...

Cela pour dire que les idées qui ont prévalu tout
au long de l'Histoire ne sont pas nécessairement
celles qui devraient prévaloir dans les décennies
à venir. Quand apparaissent des réalités nouvelles, nous avons besoin de reconsidérer nos attitudes, nos habitudes ; parfois, quand ces réalités
apparaissent trop vite, nos mentalités demeurent
à la traîne, et nous nous retrouvons en train de
combattre les incendies en les aspergeant de produits inflammables.

A l'ère de la mondialisation, avec ce brassage
accéléré, vertigineux, qui nous enveloppe tous,
une nouvelle conception de l'identité s'impose
— d'urgence ! Nous ne pouvons nous contenter
d'imposer aux milliards d'humains désemparés le
choix entre l'affirmation outrancière de leur identité et la perte de toute identité, entre l'intégrisme
et la désintégration. Or c'est bien cela qu'implique la conception qui prévaut encore dans ce
domaine. Si nos contemporains ne sont pas
encouragés à assumer leurs appartenances multiples, s'ils ne peuvent concilier leur besoin d'identité avec une ouverture franche et décomplexée
aux cultures différentes, s'ils se sentent contraints
de choisir entre la négation de soi-même et la
négation de l'autre, nous serons en train de for-
mer des légions de fous sanguinaires, des légions
d'égarés.

Mais je voudrais revenir quelques instants sur certains exemples que j'ai cités au tout début du livre : un homme de mère serbe et de père croate, s'il parvient à assumer sa double appartenance, ne prendra jamais part à aucun massacre ethnique, à aucune « purification » ; un homme de mère hutu et de père tutsi, s'il se sent capable d'assumer ces deux « confluents » qui l'ont fait venir au monde, ne sera jamais un massacreur ni un génocidaire ; et ce jeune franco-algérien que j'ai évoqué plus haut, ainsi que ce jeune germano-turc, ne se retrouveront jamais du côté des fanatiques s'ils parviennent à vivre sereinement leur identité composée.

Ici encore, on aurait tort de ne voir dans ces exemples que des cas extrêmes. Partout où se côtoient aujourd'hui des groupes humains qui diffèrent les uns des autres par la religion, par la couleur, par la langue, par l'ethnie, ou par la nationalité, partout où se développent des tensions, plus ou moins anciennes, plus ou moins violentes — entre immigrés et population locale comme entre blancs et noirs, catholiques et protestants, juifs et arabes, hindouistes et sikhs, lituaniens et russes, serbes et albanais, grecs et turcs, anglophones et québécois, flamands et wallons, chinois et malais... —, oui, partout, dans chaque société divisée, se trouvent un certain nombre d'hommes et de femmes qui portent en eux des appartenances contradictoires, qui vivent à la frontière entre deux communautés opposées, des êtres traversés, en quelque sorte, par les lignes de fracture ethniques ou religieuses ou autres.

Nous n'avons pas affaire à une poignée de marginaux, ils se comptent par milliers, par millions, et leur nombre ne cessera de croître. « Frontaliers » de naissance, ou par les hasards de leur trajectoire, ou encore par volonté délibérée, ils peuvent peser sur les événements et faire pencher la balance dans un sens ou dans l'autre. Ceux parmi eux qui pourront assumer pleinement leur diversité serviront de « relais » entre les diverses communautés, les diverses cultures, et joueront en quelque sorte le rôle de « ciment » au sein des sociétés où ils vivent. En revanche, ceux qui ne pourront pas assumer leur propre diversité se retrouveront parfois parmi les plus virulents des tueurs identitaires, s'acharnant sur ceux qui représentent cette part d'eux-mêmes qu'ils voudraient faire oublier. Une « haine de soi » dont on a vu de nombreux exemples à travers l'Histoire...

5

Sans doute mes propos sont-ils ceux d'un migrant, et d'un minoritaire. Mais il me semble qu'ils reflètent une sensibilité de plus en plus partagée par nos contemporains. N'est-ce pas le propre de notre époque que d'avoir fait de tous les hommes, en quelque sorte, des migrants et des minoritaires ? Nous sommes tous contraints de vivre dans un univers qui ne ressemble guère à notre terroir d'origine ; nous devons tous apprendre d'autres langues, d'autres langages, d'autres codes ; et nous avons tous l'impression que notre identité, telle que nous l'imaginions depuis l'enfance, est menacée.

Beaucoup ont quitté leur terre natale, et beaucoup d'autres, sans l'avoir quittée, ne la reconnaissent plus. Sans doute est-ce dû, en partie, à une caractéristique permanente de l'âme humaine, naturellement portée sur la nostalgie ; mais c'est également dû au fait que l'évolution accélérée nous a fait traverser en trente ans ce qu'autrefois on ne traversait qu'en de nombreuses générations.

Aussi le statut du migrant n'est-il plus seulement celui d'une catégorie de personnes arrachées à leur milieu nourricier, il a acquis valeur exemplaire. C'est lui la victime première de la conception « tribale » de l'identité. S'il y a une seule appartenance qui compte, s'il faut absolument choisir, alors le migrant se trouve scindé, écartelé, condamné à trahir soit sa patrie d'origine soit sa patrie d'accueil, trahison qu'il vivra inévitablement avec amertume, avec rage.

Avant de devenir un immigré, on est un émigré ; avant d'arriver dans un pays, on a dû en quitter un autre, et les sentiments d'une personne envers la terre qu'elle a quittée ne sont jamais simples. Si l'on est parti, c'est qu'il y a des choses que l'on a rejetées — la répression, l'insécurité, la pauvreté, l'absence d'horizon. Mais il est fréquent que ce rejet s'accompagne d'un sentiment de culpabilité. Il y a des proches que l'on s'en veut d'avoir abandonnés, une maison où l'on a grandi, tant et tant de souvenirs agréables. Il y a aussi des attaches qui persistent, celles de la langue ou de la religion, et aussi la musique, les compagnons d'exil, les fêtes, la cuisine.

Parallèlement, les sentiments qu'on éprouve envers le pays d'accueil ne sont pas moins ambigus. Si l'on y est venu, c'est parce qu'on y espère une vie meilleure pour soi-même et pour les siens ; mais cette attente se double d'une appréhension face à l'inconnu — d'autant qu'on se trouve dans un rapport de forces défavorable ; on redoute d'être rejeté, humilié, on est à l'affût de toute attitude dénotant le mépris, l'ironie, ou la pitié.

Le premier réflexe n'est pas d'afficher sa différence, mais de passer inaperçu. Le rêve secret de la plupart des migrants, c'est qu'on les prenne pour des enfants du pays. Leur tentation initiale, c'est d'imiter leurs hôtes, et quelquefois ils y parviennent. Le plus souvent, ils n'y parviennent pas. Ils n'ont pas le bon accent, ni la bonne nuance de couleur, ni le nom ni le prénom ni les papiers qu'il faudrait, leur stratagème est très vite éventé. Beaucoup savent que ce n'est même pas la peine d'essayer et se montrent alors, par fierté, par bravade, plus différents qu'ils ne le sont. Certains, même — faut-il le rappeler ? —, vont bien plus loin encore, leur frustration débouche sur une contestation brutale.

Si je m'attarde ainsi sur les états d'âme du migrant, ce n'est pas seulement parce qu'à titre personnel ce dilemme m'est familier. C'est aussi parce qu'en ce domaine, plus que dans d'autres, les tensions identitaires peuvent conduire aux dérapages les plus meurtriers.

Dans les nombreux pays où se côtoient aujourd'hui une population autochtone, porteuse de la culture locale, et une autre population, plus récemment arrivée, qui porte des traditions différentes, des tensions se manifestent, qui pèsent sur les comportements de chacun, sur l'atmosphère sociale, sur le débat politique. Il est d'autant plus indispensable de poser sur ces questions si passionnelles un regard de sagesse et de sérénité.

La sagesse est un chemin de crête, la voie étroite entre deux précipices, entre deux conceptions extrêmes. En matière d'immigration, la première de ces conceptions extrêmes est celle qui considère le pays d'accueil comme une page blanche où chacun pourrait écrire ce qu'il lui plaît, ou, pire, comme un terrain vague où chacun pourrait s'installer avec armes et bagages, sans rien changer à ses gestes ni à ses habitudes. L'autre conception extrême est celle qui considère le pays d'accueil comme une page déjà écrite et imprimée, comme une terre dont les lois, les valeurs, les croyances, les caractéristiques culturelles et humaines auraient déjà été fixées une fois pour toutes, les immigrants n'ayant plus qu'à s'y conformer.

Les deux conceptions me paraissent également irréalistes, stériles et nuisibles. Les aurais-je représentées de manière caricaturale ? Je ne le crois pas, hélas. D'ailleurs, à supposer même que je l'aie fait, il n'est pas inutile de brosser des caricatures, elles permettent à chacun de mesurer l'absurdité de sa position si elle était poussée jusqu'à sa conséquence ultime ; quelques-uns continueront à s'entêter, tandis que les hommes de bon sens avanceront d'un pas vers l'évident terrain d'entente, à savoir que le pays d'accueil n'est ni une page blanche, ni une page achevée, c'est une page en train de s'écrire.

Son histoire doit être respectée — et lorsque je dis histoire, je le dis en passionné d'Histoire, pour moi cette notion n'est pas synonyme de vaine nostalgie ni de passéisme, elle recouvre, bien au contraire, tout ce qui s'est bâti au cours des siècles, la mémoire, les symboles, les institutions, la langue, les œuvres d'art, choses auxquelles on peut légitimement s'attacher. Dans le même temps, chacun admettra que l'avenir d'un pays ne peut être un simple prolongement de son histoire — ce serait même désolant pour un peuple, quel qu'il soit, que de vénérer son histoire plus que son avenir ; avenir qui se construira dans un certain esprit de continuité, mais avec de profondes transformations, et avec des apports extérieurs significatifs, comme ce fut le cas aux grandes heures du passé.

N'aurais-je fait qu'énumérer des évidences consensuelles ? Peut-être. Mais puisque les tensions persistent et s'aggravent, c'est que ces vérités ne sont ni suffisamment évidentes, ni intimement reconnues. Ce que je cherche à dégager de ces brumes, ce n'est pas un consensus, c'est un code de conduite, ou tout au moins un garde-fou pour les uns et les autres.

Pour les uns et les autres, j'insiste. Il y a constamment, dans l'approche qui est la mienne, une exigence de réciprocité — qui est à la fois souci d'équité et souci d'efficacité. C'est dans cet esprit que j'aurais envie de dire, « aux uns » d'abord : « Plus vous vous imprégnerez de la culture du pays d'accueil, plus vous pourrez l'imprégner de la vôtre » ; puis « aux autres » : « Plus un immigré sentira sa culture d'origine respectée, plus il s'ouvrira à la culture du pays d'accueil. »

Deux « équations » que je formule d'un même souffle, parce qu'elles « se tiennent », inséparablement, comme les pieds d'un escabeau. Ou, plus prosaïquement encore, comme les clauses successives d'un contrat. Car c'est bien de cela qu'il s'agit, à vrai dire, d'un contrat moral dont les éléments gagneraient à être précisés dans chaque cas de figure : qu'est-ce qui, dans la culture du pays d'accueil, fait partie du bagage minimal auquel toute personne est censée adhérer, et qu'est-ce qui peut être légitimement contesté, ou refusé ? La même interrogation étant valable concernant la culture d'origine des immigrés : quelles composantes de cette culture méritent d'être transmises au pays d'adoption comme une dot précieuse, et lesquelles — quelles habitudes ? quelles pratiques ? — devraient être laissées « au vestiaire » ?

Il faut que ces questions soient posées, et que chacun fasse l'effort d'y réfléchir cas par cas, même si les différentes réponses qu'on pourrait apporter ne seront jamais entièrement satisfaisantes. Moi qui vis en France, je ne me hasarderai pas à énumérer tout ce qui, dans l'héritage de ce pays, devrait obtenir l'adhésion de ceux qui voudraient y résider ; chaque élément que je pourrais citer, qu'il s'agisse d'un principe républicain, d'un aspect du mode de vie, d'un personnage marquant ou d'un lieu emblématique, oui, chaque élément, sans exception, pourrait être légitimement contesté ; mais on aurait tort d'en conclure qu'on peut tout rejeter à la fois. Qu'une réalité soit imprécise, insaisissable et fluctuante ne veut pas dire qu'elle n'existe pas.

Le maître mot, ici encore, est réciprocité : si j'adhère à mon pays d'adoption, si je le considère mien, si j'estime qu'il fait désormais partie de moi et que je fais partie de lui, et si j'agis en conséquence, alors je suis en droit de critiquer chacun de ses aspects ; parallèlement, si ce pays me respecte, s'il reconnaît mon apport, s'il me considère, avec mes particularités, comme faisant désormais partie de lui, alors il est en droit de refuser certains aspects de ma culture qui pourraient être incompatibles avec son mode de vie ou avec l'esprit de ses institutions.

Le droit de critiquer l'autre se gagne, se mérite. Si l'on manifeste à quelqu'un de l'hostilité ou du mépris, la moindre observation que l'on formulera, qu'elle soit justifiée ou pas, apparaîtra comme une agression, qui le poussera à se raidir, à se refermer sur lui-même, et pourra difficilement le conduire à s'amender ; à l'inverse, si l'on témoigne à quelqu'un amitié, sympathie et considération, non seulement dans les apparences mais par une attitude sincère et ressentie comme telle, alors on peut se permettre de critiquer chez lui ce qu'on estime critiquable, avec quelque chance d'être écouté.

Aurais-je à l'esprit, en disant cela, des controverses comme celle qui s'est engagée, dans divers pays, autour du « voile islamique » ? Ce n'est pas l'essentiel de mon propos. Je suis néanmoins persuadé que de tels problèmes seraient plus faciles à résoudre si les rapports avec les immigrés étaient envisagés dans un esprit différent. Lorsqu'on sent sa langue méprisée, sa religion bafouée, sa culture dévalorisée, on réagit en affichant avec ostentation les signes de sa différence ; lorsqu'on se sent, au contraire, respecté, lorsqu'on sent qu'on a sa place dans le pays où l'on a choisi de vivre, alors on réagit autrement.

Pour aller résolument vers l'autre, il faut avoir les bras ouverts et la tête haute, et l'on ne peut avoir les bras ouverts que si l'on a la tête haute. Si, à chaque pas que l'on fait, on a le sentiment de trahir les siens, et de se renier, la démarche en direction de l'autre est viciée ; si celui dont j'étudie la langue ne respecte pas la mienne, parler sa langue cesse d'être un geste d'ouverture, il devient un acte d'allégeance et de soumission.

Mais pour en revenir un instant au port dudit
« voile », je ne doute pas qu'il s'agit là d'un comportement passéiste et rétrograde. Je pourrais
longuement dire pourquoi je vois les choses ainsi,
à la lumière de mes convictions, et en rappelant
divers épisodes de l'histoire du monde arabo-
musulman et du long combat de ses femmes pour
l'émancipation. Ce serait inutile, la vraie question
n'est pas là. La vraie question n'est pas de savoir
si nous avons affaire à un conflit entre archaïsme
et modernité, mais de savoir pourquoi, dans l'histoire des peuples, la modernité est parfois rejetée,
pourquoi elle n'est pas toujours perçue comme un
progrès, comme une évolution bienvenue.

Dans une réflexion sur l'identité, cette interrogation est essentielle, aujourd'hui plus que
jamais. Et l'exemple du monde arabe est, à cet
égard, des plus révélateurs.

II

QUAND LA MODERNITÉ
VIENT DE CHEZ L'AUTRE

1

Tous ceux que le monde arabe fascine, séduit, inquiète, horrifie ou intrigue ne peuvent que se poser, de temps à autre, un certain nombre de questions.

Pourquoi ces voiles, ces tchadors, ces barbes tristes, ces appels au meurtre ? Pourquoi tant de manifestations d'archaïsme, de violence ? Tout cela est-il inhérent à ces sociétés, à leur culture, à leur religion ? L'islam est-il incompatible avec la liberté, avec la démocratie, avec les droits de l'homme et de la femme, avec la modernité ?

Il est normal que de telles questions soient posées, et elles méritent mieux que les réponses simplistes qu'on leur apporte trop souvent. De part et d'autre, je devrais dire — une expression qui m'est chère, on l'aura remarqué. Oui, de part et d'autre. Je ne peux pas suivre ceux qui rabâchent, hier comme aujourd'hui, les mêmes vieux préjugés hostiles à l'islam, et qui se croient habilités, chaque fois que survient un événement révoltant, à en tirer des conclusions définitives sur la nature de certains peuples et de leur religion. Dans le même temps, je ne me sens pas à l'aise devant les justifications laborieuses de ceux qui répètent sans sourciller que tout ce qui se passe résulte d'un regrettable malentendu, et que la religion n'est que tolérance ; leurs motivations les honorent, et je ne les mets pas sur le même plan que ceux qui distillent la haine, mais leur discours ne me satisfait pas.

Lorsqu'un acte répréhensible est commis au nom d'une doctrine, quelle qu'elle soit, celle-ci n'en devient pas coupable pour autant ; même si elle ne peut être considérée comme totalement étrangère à cet acte. De quel droit pourrais-je affirmer, par exemple, que les *taliban* d'Afghanistan n'ont rien à voir avec l'islam, que Pol Pot n'a rien à voir avec le marxisme, ni le régime de Pinochet avec le christianisme ? En tant qu'observateur, je suis bien obligé de constater qu'il s'agit, dans chacun de ces cas, d'une utilisation possible de la doctrine concernée, certes pas la seule, ni la plus répandue, mais qui ne peut être écartée d'un revers de main agacé. Lorsqu'un dérapage survient, il est un peu trop facile de décréter qu'il était inéluctable ; comme il est parfaitement absurde de vouloir démontrer qu'il n'aurait jamais dû arriver, et qu'il s'agit d'un pur accident. S'il s'est produit, c'est qu'il avait une certaine probabilité de se produire.

Pour celui qui se situe à l'intérieur d'un système de croyance, il est parfaitement légitime de dire que l'on se reconnaît dans telle interprétation de la doctrine et pas dans telle autre. Un musulman croyant peut estimer que le comportement des talibans contredit — ou ne contredit pas — la lettre et l'esprit de sa foi. Moi qui ne suis pas musulman, et qui me situe d'ailleurs, délibérément, hors de tout système de croyance, je ne me sens nullement habilité à distinguer ce qui est conforme à l'islam de ce qui ne l'est pas. J'ai mes souhaits, mes préférences, mon point de vue, bien sûr. Je suis même constamment tenté de dire que tel ou tel comportement outrancier — poser des bombes, interdire la musique, ou légaliser l'excision — ne cadre pas avec ma vision de l'islam. Mais ma vision de l'islam n'a aucune importance. Et même si j'avais été un docteur de la Loi, le plus pieux et le plus érudit, mon opinion n'aurait mis fin à aucune controverse.

On a beau se plonger dans les livres saints, consulter les exégètes, rassembler des arguments, il y aura toujours des interprétations différentes, contradictoires. En s'appuyant sur les mêmes livres, on peut s'accommoder de l'esclavage ou bien le condamner, vénérer les icônes ou les jeter au feu, interdire le vin ou bien le tolérer, prôner la démocratie ou la théocratie ; toutes les sociétés humaines ont su trouver, au cours des siècles, les citations sacrées qui semblaient justifier leurs pratiques du moment. Il a fallu deux ou trois mille ans pour que les sociétés chrétiennes et juives qui se réclament de la Bible commencent à se dire que le « tu ne tueras point » pourrait aussi s'appliquer à la peine de mort ; dans cent ans on nous expliquera que la chose allait de soi. Le texte ne change pas, c'est notre regard qui change. Mais le texte n'agit sur les réalités du monde que par le biais de notre regard. Lequel s'arrête à chaque époque sur certaines phrases et glisse sur d'autres sans les voir.

Pour cette raison, il ne sert à rien, me semble-t-il, de s'interroger sur « ce que dit vraiment » le christianisme, l'islam, ou le marxisme. Si l'on cherche des réponses, pas seulement la confirmation des préjugés, positifs ou négatifs, que l'on porte déjà en soi, ce n'est pas sur l'essence de la doctrine qu'il faut se pencher, mais sur les comportements, au cours de l'Histoire, de ceux qui s'en réclament.

Le christianisme est-il, par essence, tolérant, respectueux des libertés, porté sur la démocratie ? Si l'on formulait la question de la sorte, on serait bien obligé de répondre « non ». Parce qu'il suffit de compulser quelques livres d'histoire pour constater que, tout au long des vingt derniers siècles, on a torturé, persécuté et massacré abondamment au nom de la religion, et que les plus hautes autorités ecclésiastiques ainsi que l'écrasante majorité des croyants se sont accommodées de la traite des Noirs, de l'assujettissement des femmes, des pires dictatures, comme de l'Inquisition. Cela veut-il dire que le christianisme est, par essence, despotique, raciste, rétrograde et intolérant ? Pas du tout, il suffit de regarder autour de soi pour constater qu'il fait aujourd'hui bon ménage avec la liberté d'expression, les droits de l'homme et la démocratie. Devrait-on en conclure que l'essence du christianisme s'est modifiée ? Ou bien que « l'esprit démocratique » qui l'anime était demeuré caché pendant dix-neuf siècles pour se dévoiler seulement au milieu du XXe ?

Si l'on a le désir de comprendre, il faudrait, à l'évidence, poser les questions autrement : est-ce que, dans l'histoire du monde chrétien, la démocratie a été une exigence permanente ? La réponse est clairement « non ». Mais est-ce que la démocratie a pu tout de même s'instaurer dans des sociétés qui relèvent d'une tradition chrétienne ? La réponse est, ici, clairement « oui ». Quand, où et comment cette évolution s'est-elle produite ? A cette question — que l'on est en droit de poser, avec une formulation similaire, à propos de l'islam —, la réponse ne peut être aussi brève que pour les précédentes, mais elle est de celles auxquelles on peut raisonnablement essayer de répondre ; je me contenterai de dire ici que l'instauration d'une société respectueuse des libertés a été progressive et incomplète et, au regard de l'Histoire prise dans son ensemble, extrêmement tardive ; que si les Eglises ont pris acte de cette évolution, elles ont généralement suivi le mouvement, avec plus ou moins de réticences, plutôt qu'elles ne l'ont suscité ; et que souvent l'impulsion libératrice est venue de personnes qui se situaient hors du cadre de la pensée religieuse.

Mes dernières paroles ont pu faire plaisir à ceux qui ne portent pas la religion dans leur cœur. Je me trouve cependant dans l'obligation de leur rappeler que les pires calamités du XXe siècle en matière de despotisme, de persécution, d'anéantissement de toute liberté et de toute dignité humaine ne sont pas imputables au fanatisme religieux mais à des fanatismes tout autres qui se posaient en pourfendeurs de la religion — c'est le cas du stalinisme —, ou qui lui tournaient le dos — c'est le cas du nazisme et de quelques autres doctrines nationalistes. Il est vrai qu'à partir des années 1970 le fanatisme religieux semble avoir mis les bouchées doubles pour combler, si j'ose dire, son déficit d'horreurs ; mais il demeure loin du compte.

Le XXᵉ siècle nous aura appris qu'aucune doctrine n'est, par elle-même, nécessairement libératrice, toutes peuvent déraper, toutes peuvent être perverties, toutes ont du sang sur les mains, le communisme, le libéralisme, le nationalisme, chacune des grandes religions, et même la laïcité. Personne n'a le monopole du fanatisme et personne n'a, à l'inverse, le monopole de l'humain.

Si l'on souhaite poser sur ces questions tellement délicates un regard neuf et utile, il faut avoir, à chaque étape de l'investigation, le scrupule de l'équité. Ni hostilité, ni complaisance, ni surtout l'insupportable condescendance qui semble devenue pour certains, en Occident et ailleurs, une seconde nature.

2

Autour de la Méditerranée se côtoient et se confrontent, depuis des siècles, deux espaces de civilisation, l'un au nord, l'autre au sud et à l'est. Je ne m'étendrai pas trop sur la genèse de ce clivage, mais il n'est jamais inutile de rappeler, parlant d'Histoire, que tout a un commencement, un déroulement et, à terme, une fin. A l'époque romaine, toutes ces contrées, devenues depuis chrétiennes, musulmanes ou juives, appartenaient au même empire ; la Syrie n'était pas moins romaine que la Gaule, et l'Afrique du Nord était assurément, du point de vue culturel, bien plus gréco-romaine que l'Europe du Nord.

Les choses ont radicalement changé avec l'apparition successive de deux monothéismes conquérants. Au IVe siècle, le christianisme devint la religion officielle de l'Empire romain ; après avoir admirablement propagé leur foi nouvelle par la prédication, la prière, et l'exemple des saints martyrs, les chrétiens usèrent alors pleinement de l'arme du pouvoir pour consolider leur autorité et s'imposer totalement, mettant hors la loi la religion romaine antique, pourchassant ses derniers adeptes. Bientôt, le monde chrétien put épouser les frontières de l'Empire, mais ces dernières étaient devenues de plus en plus incertaines ; Rome devait « tomber sous les coups des barbares », comme disaient les vieux manuels, dès le Ve siècle.

Byzance, capitale d'Orient, survécut encore pendant un millier d'années, mais sa tentative de reconstituer l'Empire tourna court : Justinien réussit bien un moment à reprendre une bonne partie des territoires abandonnés, en Italie, en Espagne, en Afrique du Nord... Peine perdue. Son entreprise s'avéra désespérée, ses généraux ne furent pas en mesure de défendre les provinces reconquises, et lorsqu'il mourut en l'an 565, une page était tournée, une illusion était morte. Le grand Empire romain ne renaîtrait plus. Plus jamais la Méditerranée ne serait réunie sous une même autorité. Plus jamais les habitants de Barcelone, de Lyon, de Rome, de Tripoli, d'Alexandrie, de Jérusalem et de Constantinople n'adresseraient leurs requêtes à un souverain unique.

Cinq ans plus tard, en 570, naquit Muhammad, Mahomet, le Prophète de l'islam. Hors des limites de l'Empire, mais pas si loin. Il y avait constamment un va-et-vient de caravanes entre sa ville natale, La Mecque, et les cités du monde romain telles Damas ou Palmyre ; comme, d'ailleurs, avec l'empire iranien sassanide, rival des Romains et lui-même secoué par d'étranges convulsions.

Sans vouloir expliquer le phénomène mystique et religieux que constitue le message de l'islam, dont l'apparition obéit à des lois complexes, insaisissables, il est certain que, du point de vue politique, il y avait alors un vide propice à l'émergence d'une réalité nouvelle. Pour la première fois depuis plus de six siècles — autant dire, à l'échelle de la mémoire des hommes, depuis l'aube des temps —, l'ombre de la grande Rome n'était plus là. Bien des peuples s'en trouvèrent libres et orphelins.

Ce vide — ou peut-être faudrait-il dire cet « appel d'air » — qui permit aux tribus germaniques de se répandre à travers l'Europe pour s'y tailler les territoires qui s'appelleraient plus tard la Saxe ou le royaume des Francs, permit aussi aux tribus d'Arabie d'effectuer, hors de leur désert originel, une « sortie » remarquée. Ces bédouins, qui avaient vécu jusque-là en marge de l'Histoire, parvinrent en quelques dizaines d'années à se rendre maîtres d'un immense territoire allant de l'Espagne jusqu'aux Indes. Le tout d'une manière étonnamment ordonnée, relativement respectueuse des autres, et sans excès de violence gratuite.

Loin de moi l'idée de présenter cette conquête comme une marche pacifiste. Ou de dépeindre le monde musulman comme un paradis de tolérance. Mais les comportements s'apprécient au regard de leur siècle. Et il ne fait pas de doute que l'islam s'est traditionnellement accommodé de la présence, sur les terres qu'il contrôlait, des adeptes des autres religions monothéistes.

A quoi bon vanter la tolérance du passé si le présent est ce qu'il est, diront mes contradicteurs ? Et, en un sens, je ne leur donne pas tort. C'est une piètre consolation de savoir que l'islam fut tolérant au VIIIe siècle, si aujourd'hui les prêtres sont égorgés, les intellectuels poignardés et les touristes mitraillés. En évoquant le passé, je ne cherche en aucune manière à dissimuler les atrocités que l'actualité nous lance à la figure chaque jour, dépêches et images en provenance d'Alger, de Kaboul, de Téhéran, de Haute-Egypte ou d'ailleurs. Mon objectif est tout autre, et je préfère l'énoncer clairement pour qu'on sache où je veux en venir : ce contre quoi je me bats et me battrai toujours, c'est cette idée selon laquelle il y aurait, d'un côté, une religion — chrétienne — destinée de tout temps à véhiculer modernisme, liberté, tolérance et démocratie, et de l'autre une religion — musulmane — vouée dès l'origine au despotisme et à l'obscurantisme. C'est erroné, c'est dangereux, et cela assombrit pour une bonne partie de l'humanité toute perspective d'avenir.

Je n'ai jamais renié la religion de mes pères, je revendique aussi cette appartenance, et je n'hésite pas à reconnaître l'influence qu'elle a eue sur ma vie. Moi qui suis né en 1949, je n'ai connu, pour l'essentiel, qu'une Eglise relativement tolérante, ouverte au dialogue, capable de se remettre en cause, et si je demeure indifférent au dogme et sceptique face à certaines prises de position, je vois dans cette appartenance qu'on m'a transmise un enrichissement et une ouverture, en aucun cas une castration. Je ne me demande même pas si, aux yeux de l'Eglise, je passe pour un croyant, à mes yeux un croyant est simplement celui qui croit en certaines valeurs — que je résumerais en une seule : la dignité de l'être humain. Le reste n'est que mythologies, ou espérances.

Tout cela pour dire qu'aujourd'hui, l'Eglise me

paraît « fréquentable ». Si j'étais né cent ans plus tôt, je lui aurais probablement tourné le dos, estimant qu'elle était irrémédiablement rétive à l'idée de progrès, à l'idée de liberté, et qu'elle avait opté une fois pour toutes en faveur de la bigoterie et de l'immobilisme. C'est pour cela qu'il est important d'évaluer le comportement des hommes et des institutions dans une perspective historique. Je suis, comme tant d'autres, effaré par ce que je vois et entends aujourd'hui dans le monde musulman. Mais je suis également attristé par ceux qui semblent trop heureux de décréter que ce qui arrive correspond à la nature de l'islam, et que cela ne changera pas.

Aucune religion n'est dénuée d'intolérance, mais si l'on faisait le bilan de ces deux religions « rivales », on constaterait que l'islam ne fait pas si mauvaise figure. Si mes ancêtres avaient été musulmans dans un pays conquis par les armées chrétiennes, au lieu d'avoir été chrétiens dans un pays conquis par les armées musulmanes, je ne pense pas qu'ils auraient pu continuer à vivre depuis quatorze siècles dans leurs villes et villages, en conservant leur foi. Que sont devenus, en effet, les musulmans d'Espagne ? Et les musulmans de Sicile ? Disparus, tous jusqu'au dernier, massacrés, contraints à l'exil ou baptisés de force.

Il y a dans l'histoire de l'islam, dès ses débuts, une remarquable capacité à coexister avec l'autre. A la fin du siècle dernier, Istanbul, capitale de la principale puissance musulmane, comptait dans sa population une majorité de non-musulmans, principalement des Grecs, des Arméniens et des Juifs. Imaginerait-on à la même époque une bonne moitié de non-chrétiens, musulmans ou juifs, à Paris, à Londres, à Vienne ou à Berlin ? Aujourd'hui encore, bien des Européens seraient choqués d'entendre dans leurs villes l'appel du muezzin.

Je ne porte aucun jugement, je constate seulement qu'il y a eu, au cours de l'histoire musulmane, une longue pratique de la coexistence et de la tolérance. En m'empressant d'ajouter que la tolérance ne me satisfait pas. Je n'ai pas envie d'être toléré, j'exige que l'on me considère comme un citoyen à part entière quelles que soient mes croyances. Que je sois chrétien ou juif dans un pays à majorité musulmane, ou musulman au milieu des chrétiens et des juifs. Et aussi lorsque je ne me réclame d'aucune religion. L'idée selon laquelle les communautés « du Livre », c'est-à-dire de la Bible, devaient être placées sous la protection des musulmans n'est plus acceptable aujourd'hui ; il s'agit d'un statut d'infériorité, qui n'a jamais été exempt d'humiliations.

Mais il faut comparer ce qui est comparable. L'islam avait établi un « protocole de tolérance » à une époque où les sociétés chrétiennes ne toléraient rien. Pendant des siècles, ce « protocole » fut, dans le monde entier, la forme la plus avancée de coexistence. C'est peut-être à Amsterdam, au milieu du XVIIe siècle, ou un peu plus tard en Angleterre, qu'a commencé à poindre une autre attitude, plus proche de notre conception actuelle de la liberté de conscience ; c'est à la fin du XVIIIe siècle qu'un homme comme Condorcet a pu prôner en France « l'émancipation » des juifs ; et c'est seulement dans la seconde moitié du XXe siècle, et après l'abomination que l'on sait, que la situation des minorités religieuses au sein de l'Europe chrétienne a fini par s'améliorer de manière significative, et qu'on peut espérer irréversible.

Le « protocole de tolérance » qui avait cours dans les pays musulmans ne correspondait plus, désormais, aux normes nouvelles. A-t-il été remis à jour, rénové, réadapté ? Pour l'essentiel, non. On pourrait même dire que les principes de tolérance, au lieu d'être revalorisés dans un sens plus conforme à l'attente de nos contemporains, ont parfois été révisés à la baisse. Si bien que le monde musulman, après avoir été, pendant des siècles, à la pointe de la tolérance, s'est retrouvé à la traîne. Mais ce renversement du « rapport de forces moral » entre le nord et le sud de la Méditerranée est récent, extrêmement récent, et pas aussi complet qu'on a l'air de le croire.

Ici encore, deux opinions méritent d'être réfutées. Celle qui considère, au regard du bilan historique « globalement positif » du monde musulman en matière de tolérance, que les excès actuels ne sont que des péripéties passagères ; et celle qui, à l'inverse, se base sur l'intolérance actuelle pour faire de l'attitude passée une réminiscence sans objet. Les deux positions me semblent absurdes. Pour moi, l'Histoire démontre clairement que l'islam porte en lui d'immenses potentialités de coexistence et d'interaction féconde avec les autres cultures ; mais l'Histoire plus récente montre aussi qu'une régression est possible, et que ces potentialités pourraient rester longtemps encore à l'état de potentialités, justement.

J'irai même un peu plus loin, en forçant peut-être les traits, mais à peine : si l'on faisait l'histoire comparée du monde chrétien et du monde musul-

man, on découvrirait d'un côté une religion longtemps intolérante, porteuse d'une évidente tentation totalitaire, mais qui s'est peu à peu muée en
une religion d'ouverture ; et de l'autre côté une
religion porteuse d'une vocation d'ouverture,
mais qui a peu à peu dérivé vers des comportements intolérants et totalitaires.

On pourrait multiplier les exemples, rappeler le
sort des cathares, puis celui des huguenots ou des
juifs, expliquer comment furent traités, dans chacun des deux univers monothéistes, ceux que l'on
considérait comme hérétiques ou schismatiques
ou infidèles... Mais ce livre n'est pas un traité
d'Histoire, encore moins un annuaire des paradoxes. Une seule question me préoccupe lorsque
je compare ces deux itinéraires : pourquoi l'évolution a-t-elle été si positive en Occident, et si
décevante dans le monde musulman ? Oui, je précise et j'insiste : pourquoi l'Occident chrétien, qui
a une longue tradition d'intolérance, qui a toujours eu du mal à coexister avec « l'Autre », a-t-il
su produire des sociétés respectueuses de la
liberté d'expression, alors que le monde musulman, qui a longtemps pratiqué la coexistence,
apparaît désormais comme une citadelle du fanatisme ?

3

On aura compris que je ne souscris pas à l'opinion commune, si répandue en Occident, qui voit commodément dans la religion musulmane la source de tous les maux dont souffrent les sociétés qui s'en réclament. Je ne crois pas non plus qu'on puisse dissocier une croyance du sort de ses adeptes, comme j'ai déjà eu l'occasion de le dire. Mais il me semble que l'on exagère trop souvent l'influence des religions sur les peuples, tandis qu'on néglige, à l'inverse, l'influence des peuples sur les religions.

La chose est vraie, d'ailleurs, de toutes les doctrines. S'il est légitime de s'interroger sur ce que le communisme a fait de la Russie, il est tout aussi instructif de se demander ce que la Russie a fait du communisme, et comment l'évolution de cette doctrine, comment sa place dans l'Histoire, comment son impact dans diverses régions du globe auraient été différents si elle avait triomphé en Allemagne, en Angleterre, ou en France, plutôt qu'en Russie et en Chine. On peut certes imaginer qu'il y aurait eu un Staline natif de Heidelberg, de Leeds, ou de Bordeaux, mais on peut aussi imaginer qu'il n'y aurait pas eu de Staline du tout.

De la même manière, on pourrait se demander ce qu'aurait été le christianisme s'il n'avait pas triomphé à Rome, s'il ne s'était pas implanté dans un terroir pétri de droit romain et de philosophie grecque, lesquels apparaissent aujourd'hui comme des piliers de la civilisation occidentale chrétienne alors qu'ils avaient atteint tous deux leur apogée bien avant l'émergence du christianisme.

En rappelant ces évidences, je ne cherche aucunement à nier les mérites de mes coreligionnaires d'Occident, mais à dire simplement que si le christianisme a façonné l'Europe, l'Europe aussi a façonné le christianisme. Le christianisme est aujourd'hui ce que les sociétés européennes en ont fait. Elles se sont transformées, matériellement et intellectuellement, et elles ont transformé leur christianisme avec elles. Que de fois l'Eglise catholique s'est-elle sentie bousculée, trahie, malmenée ! Que de fois s'est-elle cambrée, s'efforçant de retarder des changements qui lui semblaient contraires à la foi, aux bonnes mœurs, et à la volonté divine ! Souvent, elle a perdu ; pourtant, sans le savoir, elle était en train de gagner. Contrainte de se remettre en cause chaque jour, confrontée à une science conquérante qui semblait défier les Ecritures, confrontée aux idées républicaines, laïques, à la démocratie, confrontée à l'émancipation des femmes, à la légitimation sociale des relations sexuelles prénuptiales, des naissances hors mariage, de la contraception, confrontée à mille et mille « diaboliques innovations », l'Eglise a toujours commencé par se raidir, avant de se faire une raison, avant de s'adapter.

S'est-elle trahie ? Bien des fois on l'a cru, et demain encore il y aura des occasions qui le laisseront croire. La vérité, pourtant, c'est que la société occidentale a façonné ainsi, par mille petits coups de burin, une Eglise et une religion capables d'accompagner les hommes dans l'extraordinaire aventure qu'ils vivent aujourd'hui.

La société occidentale a inventé l'Eglise et la religion dont elle avait besoin. J'emploie le mot « besoin » dans le sens le plus complet du terme, c'est-à-dire en incluant, bien sûr, le besoin de spiritualité. Toute la société y a participé, avec ses croyants et ses non-croyants, tous ceux qui ont contribué à l'évolution des mentalités ont aussi contribué à l'évolution du christianisme. Et ils y contribueront encore, puisque l'Histoire continue.

Dans le monde musulman aussi, la société a constamment produit une religion à son image. Qui n'était jamais la même, d'ailleurs, d'une époque à l'autre, ni d'un pays à l'autre. Du temps où les Arabes triomphaient, du temps où ils avaient le sentiment que le monde était à eux, ils interprétaient leur foi dans un esprit de tolérance et d'ouverture. Ils s'engagèrent par exemple dans une vaste entreprise de traduction de l'héritage grec, ainsi qu'iranien et indien, ce qui permit un essor de la science et de la philosophie ; au début, on se contenta d'imiter, de copier, puis on osa innover, en astronomie, en agronomie, en chimie, en médecine, en mathématiques. Et aussi dans la vie quotidienne, dans l'art de manger, de s'habiller, de se coiffer, ou de chanter ; il y avait même des « gourous » de la mode, dont le plus célèbre reste Ziryab.

Ce ne fut pas une courte parenthèse. Du VIIe jusqu'au XVe siècle, il y eut à Bagdad, à Damas, au Caire, à Cordoue, à Tunis, de grands savants, de grands penseurs, des artistes de talent ; et il y eut encore de grandes et belles œuvres à Ispahan, à Samarcande, à Istanbul, jusqu'au XVIIe siècle et parfois au-delà. Les Arabes ne furent pas les seuls à contribuer à ce mouvement. Dès ses premiers pas, l'islam s'était ouvert sans aucune barrière aux Iraniens, aux Turcs, aux Indiens, aux Berbères ; imprudemment, selon certains, puisque les Arabes se retrouvèrent submergés, et qu'ils perdirent très vite le pouvoir au sein de l'empire qu'ils avaient conquis. C'était la rançon de l'universalité que prônait l'islam. Parfois un clan de guerriers turkmènes déboulait des steppes d'Asie centrale ; arrivés aux portes de Bagdad, ces hommes prononçaient la formule de conversion — « il n'y a pas d'autre divinité que Dieu, et Muhammad est le messager de Dieu » —, plus personne n'avait le droit de contester leur appartenance à l'islam, et le lendemain, ils réclamaient leur part de pouvoir, en faisant même de l'excès de zèle comme font souvent les convertis. Du point de vue de la stabilité politique, cette attitude s'avéra parfois désastreuse ; mais du point de vue culturel, quel extraordinaire enrichissement ! Des bords de l'Indus jusqu'à l'Atlantique, les têtes les mieux faites purent s'épanouir dans le giron de la civilisation arabe. Pas seulement parmi les adeptes de la nouvelle religion ; pour les traductions, on fit beaucoup appel à des chrétiens, qui avaient une meilleure connaissance du grec ; et il est significatif que Maimonide ait choisi d'écrire en arabe *Le Guide des égarés*, l'un des monuments de la pensée juive.

Je ne cherche pas à dire que cet islam dont je viens de brosser l'image était le seul vrai. Ni qu'il est plus représentatif de la doctrine que celui des talibans, par exemple. Ce n'est d'ailleurs pas un islam particulier que j'ai voulu décrire, j'ai survolé en quelques lignes des siècles et des contrées dans lesquels se sont manifestées mille et mille images de l'islam. Bagdad au IXe siècle pétillait encore de vie ; Bagdad au Xe siècle était devenue ronchonne et bigote et triste. Cordoue, au Xe siècle, était, elle, au contraire, à son apogée ; au début du XIIIe, elle était devenue un bastion du fanatisme ; c'est que les troupes catholiques progressaient, qui allaient bientôt s'en emparer, les ultimes défenseurs ne voulaient plus tolérer de voix dissonantes.

Un comportement qu'on a pu observer à d'autres époques aussi, dont la nôtre. Chaque fois qu'elle s'est sentie en confiance, la société musulmane a su pratiquer l'ouverture. L'image de l'islam qui se dégage de ces temps-là ne ressemble en rien aux caricatures d'aujourd'hui. Je ne cherche pas à dire que celle d'autrefois reflète mieux l'inspiration originelle de l'islam, mais simplement que cette religion, comme toute autre religion, comme toute autre doctrine, porte à chaque époque les empreintes du temps et du lieu. Les sociétés sûres d'elles se reflètent dans une religion confiante, sereine, ouverte ; les sociétés mal assurées se reflètent dans une religion frileuse, bigote, sourcilleuse. Les sociétés dynamiques se reflètent en un islam dynamique, innovant, créatif ; les sociétés immobiles se reflètent en un islam immobile, rebelle au moindre changement.

Mais quittons un peu ces oppositions finalement simplistes entre « bonne » et « mauvaise » religion, pour entrer dans des définitions plus précises. Quand j'évoque l'influence des sociétés sur les religions, je songe par exemple au fait que lorsque les musulmans du tiers-monde s'en prennent violemment à l'Occident, ce n'est pas seulement parce qu'ils sont musulmans et que l'Occident est chrétien, c'est aussi parce qu'ils sont pauvres, dominés, bafoués, et que l'Occident est riche et puissant. J'ai écrit « aussi ». Mais j'ai pensé « surtout ». Parce qu'en observant les mouvements islamistes militants d'aujourd'hui, je devine aisément l'influence du tiers-mondisme des années soixante, tant dans le discours que dans les méthodes ; en revanche, j'ai beau chercher dans l'histoire de l'islam, je ne leur trouve aucun ancêtre évident. Ces mouvements ne sont pas un pur produit de l'histoire musulmane, ils sont le produit de notre époque, de ses tensions, de ses distorsions, de ses pratiques, de ses désespérances.

Je ne discute pas ici leur doctrine, je ne me pose pas la question de savoir si elle est conforme ou pas à l'islam, j'ai déjà dit ce que je pensais de ce genre d'interrogations. Je dis seulement que je vois assez clairement en quoi ces mouvements sont le produit de notre époque perturbée, je vois moins en quoi ils seraient le produit de l'histoire musulmane. Lorsque j'observais l'ayatollah Khomeiny, entouré de ses Gardiens de la Révolution, qui demandait à son peuple de compter sur ses propres forces, qui dénonçait « le grand Satan » et se promettait d'effacer toute trace de la culture occidentale, je ne pouvais m'empêcher de penser au vieux Mao Zedong de la Révolution culturelle, entouré de ses Gardes rouges, qui dénonçait le « grand tigre en papier » et promettait d'effacer toute trace de la culture capitaliste. Je n'irai certes pas jusqu'à dire qu'ils furent identiques, mais je constate entre eux de nombreuses similitudes, alors que je ne vois aucune figure dans l'histoire de l'islam qui me rappelle Khomeiny. D'ailleurs, j'ai beau chercher, je ne vois pas non plus, dans l'histoire du monde musulman, la moindre mention de l'instauration d'une « république islamique », ni de l'avènement d'une « révolution islamique »...

Ce contre quoi je m'élève, ici, c'est cette habitude que l'on a prise — au Nord comme au Sud, chez les observateurs lointains comme chez les adeptes zélateurs — de classer chaque événement se déroulant dans chaque pays musulman sous la rubrique « islam », alors que bien d'autres facteurs entrent en jeu qui expliquent bien mieux ce qui arrive. Vous pourriez lire dix gros volumes sur l'histoire de l'islam depuis les origines, vous ne comprendriez rien à ce qui se passe en Algérie. Lisez trente pages sur la colonisation et la décolonisation, vous comprendrez beaucoup mieux.

4

Mais je referme cette brève parenthèse pour revenir à mon propos de départ : on donne souvent trop de place à l'influence des religions sur les peuples et leur histoire, et pas assez à l'influence des peuples et de leur histoire sur les religions. L'influence est réciproque, je le sais ; la société façonne la religion qui, à son tour, façonne la société ; j'observe toutefois qu'une certaine habitude de pensée nous conduit à ne voir qu'un aspect de cette dialectique, ce qui fausse singulièrement la perspective.

S'agissant de l'islam, certains n'hésitent jamais à le rendre responsable de tous les drames qu'ont connus et connaissent encore les sociétés musulmanes. Je ne reproche pas seulement à cette vision d'être injuste, je lui reproche de rendre les événements du monde totalement inintelligibles.

On a déjà dit des choses similaires à propos du christianisme pendant des siècles, avant de découvrir qu'il était finalement capable de se moderniser. Je suis persuadé qu'il en sera de même pour l'islam. Cela dit, je comprends parfaitement que l'on en doute. Et je crois qu'il faudra encore du temps, beaucoup de temps, quelques générations peut-être, avant qu'on puisse avoir la preuve que ce spectacle qui s'offre à nous, en Algérie, en Afghanistan, un peu partout, fait de violence, d'archaïsme, de despotisme, de répression, n'est pas plus inhérent à l'islam que les bûchers des inquisiteurs ou la monarchie de droit divin ne se sont avérés inséparables du christianisme.

L'idée selon laquelle l'islam a toujours été un facteur d'immobilisme est tellement ancrée dans les esprits que j'ose à peine m'y attaquer. Il le faut, pourtant. Parce qu'une fois cet axiome posé, on ne peut plus aller nulle part : si l'on se résigne à l'idée que l'islam condamne irrémédiablement ses adeptes à l'immobilisme, et comme lesdits adeptes — qui forment près du quart de l'humanité — ne renonceront jamais à leur religion, l'avenir de notre planète paraît bien triste. Je n'accepte quant à moi ni l'axiome de base ni la conclusion.

Oui, bien sûr, il y a eu immobilisme. Entre le XVe et le XIXe siècle, alors que l'Occident avançait très vite, le monde arabe piétinait. Sans doute la religion y a-t-elle été pour quelque chose, mais il me semble qu'elle en a surtout été la victime. En Occident, la société a modernisé sa religion ; dans le monde musulman, les choses ne se sont pas passées de la même manière. Pas parce que cette religion-là n'était pas « modernisable » — de cela, la preuve n'est pas faite —, mais parce que la société elle-même ne s'est pas modernisée. A cause de l'islam, me dira-t-on. C'est vite dit. Est-ce le christianisme qui a modernisé l'Europe ? Sans aller jusqu'à soutenir que la modernisation s'est faite contre la religion, il serait raisonnable de dire que celle-ci n'en a pas été la « locomotive », qu'elle a plutôt opposé, tout au long, une résistance souvent farouche, et qu'il a fallu que la poussée en faveur du changement soit profonde et puissante et continuelle pour que cette résistance s'atténue et que la religion s'adapte.

Cette poussée déstabilisante et salutaire n'a jamais eu lieu au sein du monde musulman. Ce formidable printemps de l'humanité créatrice, cette révolution totale, scientifique, technologique, industrielle, intellectuelle et morale, ce long travail « au burin » effectué par des peuples en pleine mutation qui chaque jour inventaient et innovaient, qui sans cesse bousculaient les certitudes et secouaient les mentalités, ce n'est pas un événement parmi d'autres, il est unique dans l'Histoire, il est l'événement fondateur du monde tel que nous le connaissons aujourd'hui, et il s'est produit en Occident — en Occident et nulle part ailleurs.

Pourquoi en Occident, et pas en Chine, pas au Japon, pas en Russie, pas dans le monde arabe ? Cette mutation s'est-elle produite grâce au christianisme ou en dépit du christianisme ? Les historiens confronteront longtemps encore leurs théories en la matière, la seule chose qui soit difficilement discutable, c'est le fait lui-même : l'émergence, en Occident, au cours des derniers siècles, d'une civilisation qui allait devenir pour le monde entier la civilisation de référence, tant au plan matériel qu'au plan intellectuel, si bien que toutes les autres en ont été marginalisées, réduites à l'état de cultures périphériques, menacées de disparition.

A partir de quel moment cette prédominance de

la civilisation occidentale est-elle devenue virtuellement irréversible ? Dès le XVe siècle ? Pas avant le XVIIIe. Du point de vue qui est aujourd'hui le mien, peu importe. Ce qui est certain, et capital, c'est qu'un jour une civilisation déterminée a pris les rênes de l'attelage planétaire dans ses mains. Sa science est devenue la science, sa médecine est devenue la médecine, sa philosophie est devenue la philosophie, et ce mouvement de concentration et de « standardisation » ne s'est plus arrêté, bien au contraire, il ne fait que s'accélérer, se répandant dans tous les domaines et dans tous les continents à la fois.

J'insiste, j'insiste encore : il s'agit là d'un événement sans aucun précédent dans l'Histoire. Il y avait bien eu, par le passé, des moments où telle ou telle civilisation — égyptienne, mésopotamienne, chinoise, grecque, romaine, arabe ou byzantine — semblait en avance sur toutes les autres. Mais ce qui s'est enclenché en Europe au cours des derniers siècles est un phénomène entièrement différent. Je me le représente comme une sorte de fécondation. C'est la seule comparaison qui me vienne à l'esprit : de nombreux spermatozoïdes se dirigent vers l'ovule, et l'un d'eux parvient à traverser la membrane ; à l'instant, tous les autres « prétendants » sont rejetés ; désormais, il y a un « père », un seul, c'est à lui que ressemblera l'enfant. Pourquoi lui et pas un autre ? Y avait-il une supériorité de ce « prétendant » sur ses voisins, ses rivaux ? Etait-il le plus sain, le plus prometteur ? Pas nécessairement, pas de manière probante. Toutes sortes de facteurs sont en cause, certains liés aux performances, d'autres aux circonstances, ou au hasard...

Mais ce n'est pas cela qui me paraît le plus significatif dans cette comparaison, c'est la suite. La question n'est pas tellement de savoir pourquoi la civilisation aztèque ou islamique ou chinoise n'a pas réussi à devenir la civilisation dominante — chacune avait ses pesanteurs, ses infirmités, ses malchances. C'est plutôt de savoir pourquoi, lorsque la civilisation de l'Europe chrétienne eut pris l'avantage, toutes les autres se sont-elles mises à décliner, pourquoi ont-elles toutes été marginalisées, d'une manière qui paraît aujourd'hui irréversible ? Sans doute — ce n'est là qu'un début de réponse — parce que l'humanité avait désormais les moyens techniques d'une domination planétaire. Mais laissons de côté le mot domination, disons plutôt : l'humanité était mûre pour l'éclosion d'une civilisation planétaire ; l'œuf était prêt à être fécondé, l'Europe occidentale l'a fécondé.

Si bien qu'aujourd'hui — regardons autour de nous ! — l'Occident est partout. A Vladivostok comme à Singapour, à Boston, Dakar, Tachkent, São Paulo, Nouméa, Jérusalem et Alger. Depuis un demi-millénaire, tout ce qui influence durablement les idées des hommes, ou leur santé, ou leur paysage, ou leur vie quotidienne est l'œuvre de l'Occident. Le capitalisme, le communisme, le fascisme, la psychanalyse, l'écologie, l'électricité, l'avion, l'automobile, la bombe atomique, le téléphone, la télévision, l'informatique, la pénicilline, la pilule, les droits de l'homme, et aussi les chambres à gaz... Oui, tout cela, le bonheur du monde et son malheur, tout cela est venu d'Occident.

Où que l'on vive sur cette planète, toute moder-

nisation est désormais occidentalisation. Une tendance que les progrès techniques ne font
qu'accentuer et accélérer. Un peu partout on
trouve, certes, des monuments et des ouvrages
qui portent l'empreinte de civilisations spécifiques. Mais tout ce qui se crée de neuf — qu'il
s'agisse des bâtiments, des institutions, des instruments de connaissance, ou du mode de vie
— est à l'image de l'Occident.

Cette réalité n'est pas vécue de la même
manière par ceux qui sont nés au sein de la civilisation dominante et par ceux qui sont nés en
dehors. Les premiers peuvent se transformer,
avancer dans la vie, s'adapter, sans cesser d'être
eux-mêmes ; on pourrait même dire que, pour les
Occidentaux, plus ils se modernisent, plus ils se
sentent en harmonie avec leur culture, seuls ceux
qui refusent la modernité se retrouvent déphasés.

Pour le reste du monde, pour tous ceux qui sont
nés au sein des cultures défaites, la réceptivité au
changement et à la modernité s'est posée en
termes différents. Pour les Chinois, les Africains,
les Japonais, les Indiens ou les Amérindiens, et
aussi pour les Grecs et les Russes autant que pour
les Iraniens, les Arabes, les Juifs ou les Turcs, la
modernisation a constamment impliqué l'aban-
don d'une partie de soi-même. Même quand elle
suscitait parfois l'enthousiasme, elle ne se dérou-
lait jamais sans une certaine amertume, sans un
sentiment d'humiliation et de reniement. Sans
une interrogation poignante sur les périls de
l'assimilation. Sans une profonde crise d'identité.

5

Quand la modernité porte la marque de « l'Autre », il n'est pas surprenant de voir certaines personnes brandir les symboles de l'archaïsme pour affirmer leur différence. On l'observe aujourd'hui chez certains musulmans, femmes et hommes, mais le phénomène n'est pas l'apanage d'une culture ni d'une religion.

En Russie, par exemple, il a fallu attendre la révolution bolchevique pour qu'on renonce enfin au vieux calendrier julien. Parce qu'en s'alignant sur le calendrier grégorien, on avait le sentiment d'admettre que, dans le bras de fer quasiment millénaire entre l'orthodoxie et le catholicisme, c'est celui-ci qui avait eu le dernier mot.

Ce n'était qu'un symbole ? Tout, dans l'Histoire, s'exprime par des symboles. La grandeur et l'abaissement, la victoire et la défaite, le bonheur, la prospérité, la misère. Et plus que tout, l'identité. Pour qu'un changement soit accepté, il ne suffit pas qu'il soit conforme à l'esprit du temps. Il faut aussi qu'au niveau des symboles il ne heurte pas, qu'il ne donne pas à ceux qu'on incite au changement l'impression de se renier.

En France, depuis quelques années, j'observe chez quelques-uns de mes amis les plus proches une certaine tendance à parler de la mondialisation comme d'un fléau. Ils s'émerveillent moins à l'évocation du « village planétaire », ils ne se passionnent que modérément pour l'Internet et les derniers progrès en matière de communications. C'est que la mondialisation apparaît aujourd'hui à leurs yeux synonyme d'américanisation ; ils se demandent quelle place aura demain la France dans ce monde en voie d'uniformisation accélérée, que vont devenir sa langue, sa culture, son prestige, son rayonnement, son mode de vie ; ils s'irritent lorsqu'un *fast food* s'installe dans leur quartier, pestent contre Hollywood, CNN, Disney et Microsoft, et pourchassent dans les journaux la moindre tournure suspecte d'anglicisme.

Si j'ai pris cet exemple, c'est parce qu'il montre, à mes yeux, de quelle manière, même en Occident, même dans un pays développé à la culture épanouie et universellement respectée, la modernisation devient suspecte dès lors qu'elle est perçue comme le cheval de Troie d'une culture étrangère dominatrice.

On imagine bien, a fortiori, le sentiment qu'ont pu éprouver les différents peuples non occidentaux pour qui, depuis de nombreuses générations déjà, chaque pas dans l'existence s'accompagne d'un sentiment de capitulation, et de négation de soi. Il leur a fallu reconnaître que leur savoir-faire était dépassé, que tout ce qu'ils produisaient ne valait rien comparé à ce que produisait l'Occident, que leur attachement à leur médecine traditionnelle relevait de la superstition, que leur valeur militaire n'était plus qu'une réminiscence, que leurs grands hommes qu'ils avaient appris à vénérer, les grands poètes, les savants, les soldats, les saints, les voyageurs, ne comptaient pour rien aux yeux du reste du monde, que leur religion était suspectée de barbarie, que leur langue n'était plus étudiée que par une poignée de spécialistes alors qu'eux-mêmes se devaient d'étudier les langues des autres s'ils voulaient survivre et travailler et garder un contact avec le reste de l'humanité... Lorsqu'ils parlent avec un Occidental, c'est toujours dans sa langue à lui, presque jamais dans la leur ; au sud et à l'est de la Méditerranée, on trouve des millions de personnes capables de parler l'anglais, le français, l'espagnol, l'italien. En face, combien d'Anglais, de Français, d'Espagnols, d'Italiens ont jugé utile d'étudier l'arabe ou le turc ?

Oui, à chaque pas dans la vie, on rencontre une déception, une désillusion, une humiliation. Comment ne pas en avoir la personnalité meurtrie ? Comment ne pas sentir son identité menacée ? Comment ne pas avoir le sentiment de vivre dans un monde qui appartient aux autres, qui obéit à des règles édictées par les autres, un monde où l'on est soi-même comme un orphelin, un étranger, un intrus, ou un paria ? Comment éviter que certains aient l'impression d'avoir tout perdu, de n'avoir plus rien à perdre, et en viennent à souhaiter, à la manière de Samson, que l'édifice s'écroule, Seigneur ! sur eux et sur leurs ennemis ?

Je ne sais si beaucoup de ceux qui adoptent des positions jusqu'au-boutistes font consciemment un tel raisonnement. Ils n'en ont pas besoin, à vrai dire. La blessure n'a pas besoin d'être décrite pour être ressentie.

C'est vers la fin du XVIIIᵉ siècle que le monde musulman méditerranéen commença à prendre conscience de sa marginalisation et du fossé qui le séparait de l'Occident. Il n'est jamais facile de dater un événement aussi vague qu'une prise de conscience, mais il est généralement admis que c'est à la suite de la campagne de Bonaparte en Egypte, en 1799, que de nombreuses personnes, parmi les lettrés comme parmi les responsables politiques, commencèrent à se poser des questions telles que : Pourquoi avons-nous pris tant de retard ? Pourquoi l'Occident est-il à présent si avancé ? Comment a-t-il procédé ? Que devrions-nous faire pour le rattraper ?

Pour Muhammad-Ali — ou Méhémet-Ali —, vice-roi d'Egypte, la seule manière de rattraper l'Europe était de l'imiter. Il alla très loin dans cette voie, faisant appel à des médecins européens pour qu'ils fondent une faculté au Caire, introduisant au pas de charge les techniques nouvelles dans l'agriculture et dans l'industrie, et allant jusqu'à confier le commandement de son armée à un ancien officier de Napoléon ; il accueillit même des utopistes français — les saint-simoniens — pour qu'ils tentent en terre d'Egypte les expériences audacieuses dont l'Europe ne voulait pas. En quelques années, il réussit à faire de son pays une puissance régionale respectée. L'occidentalisation volontariste dont il s'était fait le promoteur avait indiscutablement commencé à porter ses fruits. Aussi résolument que Pierre le Grand, de manière un peu moins brutale, et en rencontrant beaucoup moins de résistance, cet ancien dignitaire ottoman était en train de bâtir en Orient un Etat moderne capable de prendre sa place au milieu des nations.

Mais le rêve sera brisé, et les Arabes ne garderont de cette expérience qu'un souvenir amer. Aujourd'hui encore, des intellectuels et des dirigeants politiques évoquent avec tristesse, et avec rage, ce rendez-vous manqué, et rappellent en toute occasion à qui veut l'entendre que les puissances européennes, jugeant que Muhammad-Ali devenait trop dangereux et trop indépendant, se coalisèrent pour freiner son ascension, allant jusqu'à diriger contre lui une expédition militaire commune. Il finit sa vie vaincu et humilié.

A vrai dire, quand on observe avec le recul du temps tout le jeu militaire et diplomatique qui s'était déroulé autour de cette question d'Orient, on peut raisonnablement considérer qu'il s'agissait d'un épisode ordinaire des rapports de force entre les puissances. L'Angleterre préférait, sur la route des Indes, un Empire ottoman affaibli et malade plutôt qu'une Egypte vigoureuse et moderne. Cette attitude n'était pas foncièrement différente de celle qui avait conduit la même Angleterre à s'opposer, quelques années plus tôt, à Napoléon, et à animer une coalition capable de démanteler l'Empire européen qu'il venait de bâtir. Mais l'Egypte du XIXe siècle ne peut être comparée à la France ; celle-ci était déjà une grande puissance, elle pouvait être battue, avoir l'air anéantie, puis se relever une génération plus tard prospère et conquérante. En 1815, la France était vaincue et occupée ; en 1830, juste quinze ans plus tard, elle était suffisamment rétablie pour se lancer à la conquête de l'immense Algérie. L'Egypte n'avait pas une telle santé. Elle sortait à peine d'une longue, d'une très longue somnolence, elle venait juste d'amorcer sa modernisation ; le coup qu'on lui assena à l'époque de Muhammad-Ali s'avéra fatal. Plus jamais une occasion semblable ne se présenta à elle de rattraper le peloton de tête.

La conclusion que les Arabes tirèrent alors et tirent encore de cet épisode, c'est que l'Occident ne veut pas qu'on lui ressemble, il veut seulement qu'on lui obéisse. Dans les échanges épistolaires entre le maître de l'Egypte et les chancelleries, on trouve des passages poignants où il n'hésite pas à mettre en évidence « l'action civilisatrice » qu'il avait entreprise ; affirmant qu'il avait toujours respecté les intérêts des Européens, il se demande pourquoi on cherche à le sacrifier. « Je ne suis pas de leur religion, écrit-il, mais je suis homme aussi, et l'on doit me traiter humainement. »

6

Ce que révèle l'exemple de Muhammad-Ali, c'est que la modernisation dans le monde arabe a été perçue très tôt comme une nécessité, comme une urgence même. Mais qu'elle n'a jamais pu être envisagée sereinement. Non seulement il fallait brûler les étapes, alors que l'Europe avait pu prendre en compte ses propres pesanteurs culturelles, sociales et religieuses ; mais en plus, il fallait s'occidentaliser tout en se défendant contre un Occident en pleine expansion, insatiable, et souvent méprisant.

J'ai parlé de l'Egypte, j'aurais pu parler de la Chine, qui subissait à la même époque l'infâme « guerre de l'opium », au nom de la liberté du commerce, parce qu'elle refusait de s'ouvrir au trafic lucratif de la drogue. C'est que l'essor de l'Occident, dont l'apport fut incomparable pour l'humanité entière, eut aussi — faut-il le rappeler ? — des aspects peu glorieux. L'événement fondateur du monde moderne fut également un événement dévastateur. Débordant d'énergie, conscient de sa puissance nouvelle, convaincu de sa supériorité, l'Occident s'était lancé à la conquête du monde dans toutes les directions et dans tous les domaines à la fois, répandant les bienfaits de la médecine, des techniques nouvelles, et les idéaux de liberté, mais pratiquant en même temps massacres, pillages et asservissement. Et suscitant partout autant de rancœur que de fascination.

Si j'ai voulu rappeler brièvement ces vérités, c'est pour insister sur le fait qu'il n'a jamais été facile pour un Arabe — mais pas davantage pour un Indien, un Malgache, un Indochinois ou un descendant des Aztèques — d'adhérer pleinement, sans arrière-pensée, sans remords, sans déchirement, à la culture de l'Occident. Il fallait surmonter bien des appréhensions, bien des griefs, ravaler parfois sa fierté, imaginer de subtils compromis. Très vite, il n'a plus été possible de se demander simplement, comme à l'époque de Muhammad-Ali : « Comment se moderniser ? » Il fallait, inévitablement, se poser des questions plus compliquées : « Comment pourrions-nous nous moderniser sans perdre notre identité ? » ; « Comment assimiler la culture occidentale sans renier notre propre culture ? » ; « Comment acquérir le savoir-faire de l'Occident sans demeurer à sa merci ? »

L'occidentalisation systématique et sans complexe pratiquée par le maître de l'Egypte n'était plus à l'ordre du jour. Le vice-roi était un homme d'un autre âge. Comme dans la France du XVIIe siècle, où on n'hésitait pas à confier le gouvernement à l'Italien Giulio Mazarini, comme dans la Russie du XVIIIe siècle où une Allemande pouvait monter sur le trône des tsars, la génération de Muhammad-Ali ne raisonnait pas en termes de nationalité mais en termes de dynastie et d'Etat. Lui-même d'origine albanaise, il n'avait aucune raison de confier le commandement de l'armée d'Egypte à un Arabe plutôt qu'à un Bosniaque, ou à un Français. Son destin rappelle un peu celui de ces généraux romains qui se bâtissaient dans une province de l'Empire une base de pouvoir, mais qui ne rêvaient que de marcher sur Rome pour s'y proclamer *imperator* et auguste. S'il avait pu réaliser son rêve, c'est à Istanbul qu'il se serait installé, pour en faire la capitale d'un empire musulman européanisé.

A sa mort, toutefois, en 1849, les choses avaient déjà changé. L'Europe entrait dans l'ère du nationalisme, et les empires aux nationalités multiples étaient sur le déclin. Le monde musulman n'allait pas tarder à suivre ce mouvement. Dans les Balkans, les peuples gouvernés par les Ottomans commencèrent à bouger de la même manière que ceux de l'Empire austro-hongrois. Au Proche-Orient aussi, les gens s'interrogeaient à présent sur leur « véritable » identité. Jusque-là, chacun avait ses appartenances linguistiques, religieuses ou régionales mais le problème de l'appartenance étatique ne se posait pas, puisqu'ils étaient tous les sujets du sultan. Dès lors que l'Empire ottoman commençait à se désintégrer, le partage des dépouilles était obligatoirement à l'ordre du jour, avec son cortège de conflits insolubles. Fallait-il que chaque communauté ait son propre Etat ? Mais que faire lorsque plusieurs communautés cohabitaient depuis des siècles dans un même pays ? Fallait-il diviser le territoire de l'Empire en fonction de la langue, de la religion, ou en suivant les frontières traditionnelles des provinces ? Ceux qui ont observé ces dernières années l'éclatement de la Yougoslavie peuvent se faire une idée — très atténuée, et à petite échelle — de ce qu'a été la liquidation de l'Empire ottoman.

Les différents peuples s'employèrent à rejeter les uns sur les autres la responsabilité des maux dont ils souffraient. Si les Arabes ne progressaient pas, c'était forcément à cause de la domination turque, qui les immobilisait ; si les Turcs ne progressaient pas, c'était parce qu'ils traînaient depuis des siècles le boulet arabe. N'est-ce pas la vertu première du nationalisme que de trouver pour chaque problème un coupable plutôt qu'une solution ? Les Arabes secouèrent donc le joug des Turcs, persuadés que leur renaissance pourrait enfin s'amorcer ; pendant que les Turcs entreprenaient de « désarabiser » leur culture, leur langue, leur alphabet, leur vêtement, pour pouvoir rejoindre l'Europe plus facilement, avec moins de bagages.

Peut-être y avait-il, dans les propos des uns et des autres, une part de vérité. Ce qui nous arrive est toujours un peu de la faute des autres, et ce qui arrive aux autres est toujours un peu de notre faute. Mais peu importe... Si je mentionne ces arguments des nationalistes arabes ou turcs, ce n'est pas pour en débattre, c'est pour attirer l'attention sur une vérité trop souvent oubliée. A savoir que la réponse spontanée du monde musulman au dilemme posé par la nécessaire modernisation n'a pas été le radicalisme religieux. Celui-ci resta longtemps, très longtemps, une attitude extrêmement minoritaire, groupusculaire, marginale, pour ne pas dire insignifiante. Ce n'est pas au nom de la religion que le monde musulman méditerranéen a été gouverné, mais au nom de la nation. Ce sont les nationalistes qui ont conduit les pays à l'indépendance, ils ont été les pères de la patrie, ce sont eux qui ont ensuite tenu les rênes, pendant des décennies, et c'est vers eux que tous les regards étaient tournés avec attente, avec espoir. Tous n'étaient pas aussi ouvertement laïcs et modernistes qu'Atatürk, mais ils ne se référaient guère à la religion, qu'ils avaient mise, en quelque sorte, entre parenthèses.

Le plus important de ces dirigeants était Nasser. « Le plus important », j'ai dit ? C'est un plat euphémisme. On a du mal à imaginer aujourd'hui ce que fut le prestige du président égyptien à partir de 1956. D'Aden jusqu'à Casablanca, ses photos étaient partout, les jeunes et aussi les moins jeunes ne juraient que par lui, les haut-parleurs diffusaient des chansons à sa gloire, et lorsqu'il prononçait l'un de ses discours-fleuves, les gens étaient agglutinés par grappes autour des transistors, deux heures, trois heures, quatre heures sans se lasser. Nasser était pour les gens une idole, une divinité. J'ai beau chercher dans l'histoire récente des phénomènes semblables, je n'en trouve aucun. Aucun qui s'étende sur tant de pays à la fois, avec une telle intensité. Pour ce qui concerne le monde arabo-musulman, en tout cas, il n'y a jamais rien eu qui ressemble, même de loin, à ce phénomène.

Or cet homme, qui plus que quiconque a porté les aspirations des Arabes et des Musulmans, était un ennemi farouche des islamistes ; ils ont tenté de l'assassiner, et lui-même a fait exécuter plusieurs de leurs dirigeants. Je me souviens d'ailleurs qu'à cette époque-là, un militant d'un mouvement islamiste était considéré par l'homme de la rue comme un ennemi de la nation arabe, et souvent comme un « suppôt » de l'Occident.

Cela pour dire que lorsqu'on voit dans l'islamisme politique, antimoderniste et antioccidental, l'expression spontanée et naturelle des peuples arabes, c'est un raccourci pour le moins hâtif. Il a fallu que les dirigeants nationalistes, Nasser en tête, arrivent à une impasse, tant par leurs échecs militaires successifs que par leur incapacité à résoudre les problèmes liés au sous-développement, pour qu'une partie significative de la population se mette à prêter l'oreille aux discours du radicalisme religieux, et pour qu'on voie fleurir, à partir des années 1970, voiles et barbes protestataires.

Je pourrais m'étendre bien plus longuement sur chaque cas, celui de l'Egypte, de l'Algérie, et tous les autres, raconter les illusions et les désillusions, les mauvais départs et les choix désastreux, la déconfiture du nationalisme, du socialisme, de tout ce en quoi les jeunes de cette région, à l'instar des jeunes du reste du monde, de l'Indonésie au Pérou, ont cru, puis cessé de croire. Je voulais seulement redire ici, encore et encore, que le radicalisme religieux n'a pas été le choix spontané, le choix naturel, le choix immédiat des Arabes ou des Musulmans.

Avant qu'ils ne soient tentés par cette voie, il a fallu que toutes les autres se bouchent. Et que celle-là, la voie passéiste, se retrouve paradoxalement dans l'air du temps.

III

LE TEMPS DES TRIBUS PLANÉTAIRES

1

« L'air du temps » n'est évidemment pas une notion rigoureuse. Si je l'utilise, c'est pour rendre compte de cette réalité diffuse, insaisissable, qui fait qu'à certains moments dans l'Histoire, de nombreuses personnes se mettent à privilégier un élément de leur identité aux dépens des autres. Ainsi, à l'heure actuelle, affirmer son appartenance religieuse, la considérer comme l'élément central de son identité, est une attitude courante ; moins répandue, sans doute, qu'il y a trois cents ans, mais indiscutablement plus répandue qu'il y a cinquante ans.

J'aurais pu parler d'environnement intellectuel, ou de climat émotionnel, notions à peine moins vagues que l'air du temps. Mais, par-delà les mots, seules importent les vraies questions : Qu'est-ce qui fait que, dans le monde entier, des femmes et des hommes de toutes origines redécouvrent aujourd'hui leur appartenance religieuse et se sentent poussés à l'affirmer de diverses manières, alors que ces mêmes personnes, quelques années plus tôt, auraient préféré mettre en avant, spontanément, d'autres appartenances ? Qu'est-ce qui fait qu'un musulman de Yougoslavie cesse un jour de se dire yougoslave pour s'affirmer avant tout musulman ? Qu'est-ce qui fait qu'en Russie, un ouvrier juif qui s'était considéré, tout au long de sa vie, d'abord comme un prolétaire, commence un jour à se percevoir d'abord comme juif ? Comment se fait-il que l'affirmation altière de l'appartenance religieuse, qui aurait paru naguère inconvenante, paraît à présent naturelle et légitime, et dans tant de pays à la fois ?

Le phénomène est complexe, et aucune explication ne peut en rendre compte de manière satisfaisante. Il est évident, néanmoins, que le déclin puis l'effondrement du monde communiste ont joué un rôle déterminant dans cette évolution. Cela fait tout de même plus d'un siècle que le marxisme promet d'établir sur l'ensemble de la planète une société d'un type nouveau d'où l'idée de Dieu serait bannie ; l'échec de ce projet, tant aux plans économique et politique qu'aux plans moral et intellectuel, a eu pour conséquence de réhabiliter les croyances qu'il avait voulu jeter aux poubelles de l'Histoire. Refuge spirituel, refuge identitaire, la religion fut, de la Pologne à l'Afghanistan, un point de ralliement évident pour tous ceux qui se battaient contre le communisme. Aussi la défaite de Marx et de Lénine est-elle apparue comme une revanche des religions, au moins autant que comme une victoire du capitalisme, du libéralisme, ou de l'Occident.

Mais ce facteur n'est pas le seul à avoir joué un rôle déterminant dans la « montée » du phénomène religieux durant le dernier quart du XXᵉ siècle. Si la crise terminale du monde communiste a pesé et pèsera encore lourdement sur le débat intellectuel et politique, bien des réalités demeureraient incompréhensibles si l'on ne prenait également en compte d'autres facteurs, à commencer par l'autre crise, que certains appellent tout simplement « la crise », celle qui affecte l'Occident.

Cette dernière ne peut être mise sur le même plan que celle du communisme. Dans le conflit prolongé qui a opposé les deux camps, il serait vain de nier qu'il y a eu un gagnant et un perdant. Mais on ne peut nier non plus que le modèle occidental, en dépit de son triomphe, en dépit du fait qu'il étend son influence sur l'ensemble des continents, se perçoit comme un modèle en crise, incapable de résoudre les problèmes de pauvreté dans ses propres métropoles, incapable de s'attaquer au chômage, à la délinquance, à la drogue, et à maints autres fléaux. C'est d'ailleurs l'un des paradoxes les plus déroutants de notre époque que le modèle de société le plus attrayant, celui qui a terrassé tous les autres, doute profondément de lui-même.

Mettons-nous un instant à la place d'un jeune homme de dix-neuf ans qui vient d'entrer dans une université du monde arabe. Autrefois, il aurait été attiré par une organisation marxisante, qui se serait montrée sensible à ses difficultés d'existence, et l'aurait initié, à sa manière, au débat des idées ; ou bien il aurait rejoint une organisation nationaliste qui aurait flatté son besoin d'identité et lui aurait peut-être parlé de renaissance et de modernisation. Aujourd'hui, le marxisme a perdu de son attrait, et le nationalisme arabe, confisqué par des régimes autoritaires, incompétents et corrompus, a perdu de sa crédibilité. Il n'est pas exclu que ce jeune soit fasciné par l'Occident, par son mode de vie, par ses prouesses scientifiques et technologiques ; une telle fascination n'aurait cependant que peu de conséquences sur son engagement, puisque aucune organisation politique significative n'incarne ce modèle. Ceux qui aspirent au « paradis occidental » n'ont souvent d'autre ressource que l'émigration. A moins qu'ils n'appartiennent à l'une de ces « castes » de privilégiés qui s'efforcent de reproduire chez elles, tant bien que mal, certains aspects de ce modèle convoité. Mais tous ceux qui ne sont pas nés avec une limousine sous le balcon, tous ceux qui ont envie de secouer l'ordre établi, tous ceux que révoltent la corruption, l'arbitraire étatique, les inégalités, le chômage, l'absence d'horizon, tous ceux qui ont de la peine à trouver leur place dans un monde qui change vite sont tentés par la mouvance islamiste. Ils y assouvissent à la fois leur besoin d'identité, leur besoin d'insertion dans un groupe, leur besoin de spiritualité, leur besoin de déchiffrage simple de réalités trop complexes, leur besoin d'action et de révolte.

En faisant état de toutes ces circonstances qui conduisent les jeunes du monde musulman à s'enrôler dans des mouvements religieux, je ne puis m'empêcher de ressentir un profond malaise. Celui-ci vient du fait que, dans le conflit qui oppose les islamistes aux dirigeants qui les combattent, je me sens incapable de m'identifier à l'un ou l'autre des deux camps. Je suis imperméable au discours des islamistes radicaux, non seule-

ment parce qu'en tant que chrétien je m'en sens
exclu, mais également parce que je ne puis accepter qu'une faction religieuse, fût-elle majoritaire,
impose sa loi à l'ensemble de la population — à
mes yeux, la tyrannie de la majorité ne vaut pas
mieux, moralement, que la tyrannie de la minorité ; et aussi parce que je crois profondément en
l'égalité de tous, hommes et femmes notamment,
ainsi qu'en la liberté de croyance, en la liberté
pour chacun de conduire sa vie comme il l'entend,
et que je me méfie de toute doctrine qui cherche
à contester des valeurs aussi fondamentales.

Ces choses étant dites, le plus nettement possible, je ne puis m'empêcher d'ajouter que les pouvoirs despotiques qui combattent les islamistes
n'ont pas plus grâce à mes yeux, et que je me
refuse à applaudir les exactions qu'ils commettent
sous prétexte qu'elles seraient un moindre mal.
Ces peuples méritent mieux qu'un moindre mal,
mieux qu'un pis-aller, il leur faudrait de véritables
solutions, qui ne pourraient être que celles de la
démocratie véritable, de la modernité véritable, je
veux dire d'une modernité intégrale et consentie
plutôt que d'une modernité tronquée et imposée
par la force. Et il me semble qu'en posant un
regard différent sur la notion d'identité, on peut
contribuer à tracer, hors de l'impasse, un chemin
d'humaine liberté.

Je referme la parenthèse, pour en revenir à
« l'air du temps »... Et pour dire que si la montée
du religieux s'explique, en partie, par la déconfiture du communisme, en partie par l'impasse où
se trouvent diverses sociétés du tiers-monde, et en

partie par la crise qui affecte le modèle occidental, l'ampleur du phénomène, et sa tonalité, ne peuvent se comprendre sans référence à l'évolution récente, si spectaculaire, dans le domaine des communications, et à l'ensemble de ce qu'il est convenu d'appeler la mondialisation.

L'historien britannique Arnold Toynbee expliquait, dans un texte publié en 1973, que le parcours de l'humanité s'était déroulé en trois étapes successives.

Au cours de la première, qui correspond à la préhistoire, les communications étaient extrêmement lentes, mais les progrès de la connaissance allaient plus lentement encore, si bien que toute nouveauté avait le temps de se propager à travers le monde avant qu'une autre nouveauté n'intervienne ; aussi les sociétés humaines avaient-elles sensiblement le même degré d'évolution, et d'innombrables caractéristiques communes.

Au cours de la deuxième période, le développement des connaissances se fit bien plus rapide que leur propagation, si bien que les sociétés humaines devinrent de plus en plus différenciées, dans tous les domaines. Cela dura plusieurs millénaires, qui correspondent à ce que nous appelons l'Histoire.

Puis, tout récemment, une troisième période a commencé, la nôtre, au cours de laquelle les connaissances progressent, certes, de plus en plus vite, mais la propagation des connaissances va bien plus vite encore, si bien que les sociétés humaines vont se retrouver de moins en moins différenciées...

On pourrait discuter longtemps de la validité d'une telle théorie, dont j'ai rendu compte, d'ailleurs, très schématiquement. Mon propos n'est pas d'en tirer une argumentation, il ne s'agit à mes yeux que d'une présentation séduisante, et fort stimulante intellectuellement, de ce que nous constatons aujourd'hui autour de nous.

Il est évident que ce brassage universel d'images et d'idées, qui ne cesse de s'intensifier et que personne ne semble en mesure de contrôler, transformera profondément — et, du point de vue de l'histoire des civilisations, à très brève échéance — nos connaissances, nos perceptions, nos comportements. Il est probable qu'il transformera tout aussi profondément notre vision de nous-mêmes, de nos appartenances, de notre identité. En extrapolant légèrement à partir de l'hypothèse de Toynbee, on pourrait dire que tout ce que les sociétés humaines ont forgé au cours des siècles pour marquer leurs différences, pour tracer des frontières entre elles-mêmes et les autres, va être soumis à des pressions visant justement à réduire ces différences, et à effacer ces frontières.

Cette métamorphose sans précédent, qui se déroule devant nos yeux par d'innombrables bourdonnements, par d'innombrables éclairs, et qui s'accélère encore, ne se fait pas sans heurts. Certes, nous acceptons tous bien des choses que nous offre le monde qui nous entoure, soit qu'elles nous paraissent avantageuses, soit qu'elles nous paraissent inévitables ; mais il arrive à chacun de se rebiffer lorsqu'il sent qu'une menace pèse sur un élément significatif de son identité — sa langue, sa religion, les différents symboles de sa culture, ou son indépendance. Aussi, l'époque actuelle se passe-t-elle sous le double signe de l'harmonisation et de la dissonance. Jamais les hommes n'ont eu autant de choses en commun, autant de connaissances communes, autant de références communes, autant d'images, autant de paroles, autant d'instruments partagés, mais cela pousse les uns et les autres à affirmer davantage leur différence.

Ce que je viens d'exprimer peut être observé à l'œil nu. Il ne fait pas de doute que la mondialisation accélérée provoque, en réaction, un renforcement du besoin d'identité. Et aussi, en raison de l'angoisse existentielle qui accompagne des changements aussi brusques, un renforcement du besoin de spiritualité. Or seule l'appartenance religieuse apporte, ou du moins cherche à apporter, une réponse à ces deux besoins.

Je viens d'employer le mot « réaction » ; il serait juste de préciser qu'il ne peut, à lui seul, rendre compte de l'ensemble du phénomène. On peut certes parler de « réaction », dans tous les sens du terme, lorsqu'un groupe humain, effrayé par le changement, cherche refuge dans les valeurs et les symboles d'une tradition ancienne. Mais il me semble qu'il y a, dans la montée du religieux, plus qu'une simple réaction, peut-être une tentative de synthèse entre le besoin d'identité et l'exigence d'universalité. Les communautés de croyants apparaissent, en effet, comme des tribus planétaires — je dis « tribus » à cause de leur teneur identitaire, mais je dis aussi « planétaires » parce qu'elles enjambent allègrement les frontières. L'adhésion à une foi qui transcenderait les appartenances nationales, raciales, sociales, apparaît aux yeux de certains comme leur manière à eux de se montrer universels. L'appartenance à une communauté de croyants serait ainsi, en quelque sorte, le particularisme le plus global, le plus universel ; ou peut-être faudrait-il dire l'universalisme le plus tangible, le plus « naturel », le plus enraciné.

Quelle que soit la formulation adéquate, ce qu'il importe de relever, c'est que le sentiment d'appartenance à une communauté religieuse, tel qu'il se manifeste aujourd'hui, n'est pas simplement un retour à une situation antérieure. Nous ne sommes pas à l'aube de l'ère des nationalités, mais à son crépuscule. Et nous ne sommes pas à l'aube de l'internationalisme, du moins dans sa version « prolétarienne », mais également à son crépuscule. Aussi le sentiment d'appartenir d'abord à une religion ne peut-il être simplement renvoyé d'un revers de main dédaigneux comme un moment historique qui serait bientôt dépassé. Car la question qui se pose, inévitablement, c'est : vers quoi serait-il dépassé ? vers une nouvelle ère des nations ? Ce n'est, me semble-t-il, ni probable ni même souhaitable — d'ailleurs, le sentiment d'appartenir à une « Eglise » commune est aujourd'hui le ciment le plus sûr des nationalismes, même de ceux qui se veulent laïcs, c'est aussi vrai pour les Turcs ou les Russes que pour les Grecs, les Polonais ou les Israéliens, et pour bien d'autres encore qui rechigneraient à l'admettre.

Vers quoi alors va-t-on dépasser l'appartenance religieuse ? Quelle autre appartenance va pouvoir la rendre « obsolète », comme elle sembla l'être naguère ?

2

A ce stade de mon raisonnement, une précision s'impose, pour éviter un grave malentendu. Lorsque je parle de dépasser l'appartenance religieuse, je ne cherche pas à dire qu'il faudrait dépasser la religion elle-même. Pour moi, la religion ne sera jamais reléguée aux oubliettes de l'Histoire, ni par la science, ni par aucune doctrine, ni par aucun régime politique. Plus la science progressera, plus l'homme devra s'interroger sur sa finalité. Le Dieu du « comment ? » s'estompera un jour, mais le Dieu du « pourquoi ? » ne mourra jamais. Peut-être n'aurons-nous pas dans mille ans les mêmes religions qu'aujourd'hui, mais je n'imagine pas le monde sans aucune forme de religion.

Je m'empresse d'ajouter que, de mon point de vue, le besoin de spiritualité ne doit pas obligatoirement s'exprimer à travers l'appartenance à une communauté de croyants. Il y a là, en effet, deux aspirations profondes qui sont toutes deux, à des degrés divers, naturelles et légitimes, mais qu'il est abusif de confondre : d'une part, l'aspiration à une vision du monde qui transcende notre existence, nos souffrances, nos déceptions, qui donne un sens — fût-il illusoire — à la vie et à la mort ; de l'autre, le besoin qu'a tout homme de se sentir lié à une communauté qui l'accepte, qui le reconnaisse, et au sein de laquelle il puisse être compris à demi-mot.

Je ne rêve pas d'un monde où la religion n'aurait plus de place, mais d'un monde où le besoin de spiritualité serait dissocié du besoin d'appartenance. D'un monde où l'homme, tout en demeurant attaché à des croyances, à un culte, à des valeurs morales éventuellement inspirées d'un Livre saint, ne ressentirait plus le besoin de s'enrôler dans la cohorte de ses coreligionnaires. D'un monde où la religion ne servirait plus de ciment à des ethnies en guerre. Séparer l'Eglise de l'Etat ne suffit plus ; tout aussi important serait de séparer le religieux de l'identitaire. Et, justement, si l'on veut éviter que cet amalgame ne continue à alimenter fanatisme, terreur et guerres ethniques, il faudrait pouvoir satisfaire d'une autre manière le besoin d'identité.

Ce qui me ramène à mon interrogation initiale : par quoi pourrait-on remplacer aujourd'hui l'appartenance à une communauté de croyants ?

La difficulté que suggèrent les pages qui précèdent, c'est que cette appartenance-là apparaît désormais comme l'appartenance ultime, la moins éphémère, la mieux enracinée, la seule qui puisse combler tant de besoins essentiels de l'homme ; et qu'elle ne pourrait être durablement supplantée par d'autres appartenances traditionnelles — la nation, l'ethnie, la race, ni même la classe — qui toutes s'avèrent plus étroites, plus limitatives, et guère moins meurtrières ; si l'appartenance à une « tribu planétaire » doit être dépassée, ce ne peut être que vers une appartenance bien plus vaste encore, porteuse d'une vision humaniste plus complète.

Sans doute, me dira-t-on, mais laquelle ? Quelle « appartenance plus vaste » ? Et quelle « vision humaniste » ? Il suffit de promener son regard de par le monde pour constater qu'il n'y a, face aux puissantes appartenances viscérales qui ont démontré leurs capacités mobilisatrices tout au long de l'Histoire, aucune appartenance nouvelle capable de faire contrepoids. D'autant que toute vision qui se veut globale suscite aujourd'hui la méfiance de nos contemporains, soit qu'elle leur semble naïve, soit qu'elle leur paraisse dangereuse pour leur identité.

Méfiance est sans aucun doute l'un des mots-clés de notre temps. Méfiance à l'égard des idéologies, des lendemains qui chantent, méfiance à l'égard de la politique, de la science, de la raison, de la modernité. Méfiance à l'égard de l'idée de progrès, et de pratiquement tout ce à quoi nous avons pu croire tout au long du XXe siècle — un siècle de grandes réalisations, sans aucun précédent depuis l'aube des temps, mais un siècle de crimes impardonnables et d'espérances déçues. Méfiance, aussi, à l'égard de tout ce qui apparaît comme global, mondial ou planétaire.

Il y a encore quelques années, bien des gens auraient été prêts à accepter l'idée d'une appartenance planétaire considérée, en quelque sorte, comme l'aboutissement naturel de l'Histoire humaine ; ainsi, un habitant de Turin, après avoir été piémontais puis citoyen italien, allait devenir successivement citoyen européen puis citoyen du monde. Je simplifie à l'extrême, mais cette idée d'une marche irréversible vers des appartenances de plus en plus vastes ne paraissait pas outrancière. Par regroupements régionaux successifs, l'humanité allait atteindre un jour le rassemblement suprême ; il y eut même des théories fort séduisantes sur les deux systèmes rivaux, le capitaliste et le communiste, qui devaient converger l'un vers l'autre, le premier se faisant de plus en plus social, le second de moins en moins dirigiste, jusqu'à ne plus faire qu'un. De même pour les religions, dont on prédisait qu'elles allaient se rejoindre en un vaste syncrétisme réconfortant.

Aujourd'hui on sait que l'Histoire ne suit jamais le chemin qu'on lui trace. Non qu'elle soit par nature erratique, ou insondable, ou indéchiffrable, non qu'elle échappe à la raison humaine, mais parce qu'elle n'est, justement, que ce qu'en font les hommes, parce qu'elle est la somme de tous leurs actes, individuels ou collectifs, de toutes leurs paroles, de leurs échanges, de leurs affrontements, de leurs souffrances, de leurs haines, de leurs affinités. Plus les acteurs de l'Histoire sont nombreux, et libres, plus la résultante de leurs actes est complexe, difficile à embrasser, rebelle aux théories simplificatrices.

L'Histoire avance à chaque instant sur une infinité de chemins. Se dégage-t-il de cela, malgré tout, un sens quelconque ? Nous ne le saurons sans doute qu'à « l'arrivée ». Encore faudrait-il que ce mot lui-même ait un sens.

L'avenir sera-t-il celui de nos espérances ou bien celui de nos cauchemars ? Sera-t-il fait de liberté ou bien de servitude ? La science sera-t-elle, en fin de compte, l'instrument de notre rédemption ou bien celui de notre destruction ? Aurons-nous été les assistants inspirés d'un Créateur ou bien de vulgaires apprentis sorciers ? Allons-nous vers un monde meilleur ou bien vers « le meilleur des mondes » ?

Et d'abord, plus près de nous, que nous réservent les décennies à venir ? une « guerre des civilisations », ou la sérénité du « village global » ?

Ma conviction profonde, c'est que l'avenir n'est écrit nulle part, l'avenir sera ce que nous en ferons.

Et le destin ? demanderont certains, avec un clin d'œil appuyé à l'Oriental que je suis. J'ai l'habitude de répondre que, pour l'homme, le destin est comme le vent pour un voilier. Celui qui est à la barre ne peut décider d'où souffle le vent, ni avec quelle force, mais il peut orienter sa propre voile. Et cela fait parfois une sacrée différence. Le même vent qui fera périr un marin inexpérimenté, ou imprudent, ou mal inspiré, ramènera un autre à bon port.

S'agissant du « vent » de la mondialisation qui souffle sur la planète, on pourrait dire à peu près la même chose. Il serait absurde de chercher à l'entraver ; mais si l'on navigue habilement, en gardant le cap et en évitant les écueils, on peut arriver « à bon port ».

Je ne voudrais pas me contenter de cette image marine, qui a ses limites ; il me paraît nécessaire d'exprimer les choses plus clairement : la formidable avancée technologique qui s'accélère depuis quelques années, et qui a profondément transformé nos vies, notamment dans le domaine de la communication et de l'accès au savoir, il ne servirait à rien de se demander si elle est « bonne » ou « mauvaise » pour nous, ce n'est pas un projet soumis à référendum, c'est une réalité ; cependant, la manière dont elle affectera notre avenir dépend en grande partie de nous.

Certains seraient tentés de tout refuser, d'emblée, et de se draper dans leur « identité » en lançant des imprécations pathétiques contre la mondialisation, la globalisation, l'Occident dominateur ou l'insupportable Amérique. D'autres, à l'inverse, seraient prêts à tout accepter, à tout « ingurgiter », sans discernement, jusqu'à ne plus savoir qui ils sont, ni où ils vont, ni où va le monde ! Deux attitudes diamétralement opposées, mais qui finissent par se rejoindre dans la mesure où elles se caractérisent, l'une et l'autre, par la résignation. Toutes deux — l'amère et la mielleuse, la ronchonne et la niaise — partent d'un même présupposé, à savoir que le monde avance comme un train sur ses rails, et que rien ne pourrait le dévier de sa course.

Mon sentiment est différent. Il me semble que le « vent » de la mondialisation pourrait effectivement nous conduire au pire, mais également au meilleur. Si les nouveaux moyens de communication, qui nous rapprochent trop vite les uns des autres, nous amènent à affirmer, par réaction, nos différences, ils nous font également prendre conscience de notre destin commun. Ce qui me donne à penser que l'évolution actuelle pourrait favoriser, à terme, l'émergence d'une nouvelle approche de la notion d'identité. Une identité qui serait perçue comme la somme de toutes nos appartenances, et au sein de laquelle l'appartenance à la communauté humaine prendrait de plus en plus d'importance, jusqu'à devenir un jour l'appartenance principale, sans pour autant effacer nos multiples appartenances particulières — je n'irai sûrement pas jusqu'à dire que le « vent » de la globalisation nous pousse obligatoirement dans cette direction, mais il me semble qu'il rend une telle approche moins difficile à envisager. Et, dans le même temps, indispensable.

3

« Les hommes sont plus les fils de leur temps que de leurs pères », disait l'historien Marc Bloch. Cela a toujours été vrai, sans doute, mais jamais autant qu'aujourd'hui. Est-il nécessaire de rappeler encore à quel point les choses sont allées vite, de plus en plus vite, au cours des dernières décennies ? Lequel de nos contemporains n'a pas eu, de temps à autre, l'impression de connaître, en une ou deux années, des changements qui se seraient étalés autrefois sur un siècle ? Les plus âgés d'entre nous auraient même besoin d'un grand effort de mémoire pour se remettre dans l'état d'esprit qui fut le leur dans leur enfance, pour faire abstraction des habitudes qu'ils ont acquises, des instruments et des produits dont ils seraient désormais incapables de se passer. Quant aux jeunes, ils n'ont souvent pas la moindre idée de ce qu'a pu être la vie de leurs grands-parents, sans même parler de celle des générations antérieures.

De fait, nous sommes tous infiniment plus proches de nos contemporains que de nos ancêtres. Serais-je en train d'exagérer si je disais que j'ai bien plus de choses en commun avec un passant choisi au hasard dans une rue de Prague, de Séoul, ou de San Francisco, qu'avec mon propre arrière-grand-père ? Non seulement dans l'aspect, dans le vêtement, dans la démarche, non seulement dans le mode de vie, le travail, l'habitat, les instruments qui nous entourent, mais aussi dans les conceptions morales, dans les habitudes de pensée.

Ainsi que dans les croyances. Nous avons beau nous dire chrétiens — ou musulmans, ou juifs, ou bouddhistes, ou hindouistes —, notre vision du monde comme de l'au-delà n'a plus guère de rapport avec celle de nos « coreligionnaires » qui vivaient il y a cinq cents ans. Pour la grande majorité d'entre eux, l'Enfer était un lieu aussi réel que l'Asie Mineure ou l'Abyssinie, avec des diables aux pieds fourchus qui poussaient les pécheurs vers le feu éternel comme dans les peintures apocalyptiques. Aujourd'hui, plus personne, ou presque, ne voit les choses de la sorte. J'ai pris l'image la plus caricaturale, mais c'est tout aussi vrai de l'ensemble de nos conceptions, dans tous les domaines. Bien des comportements qui sont aujourd'hui parfaitement acceptables pour le croyant auraient été inconcevables pour ses « coreligionnaires » d'autrefois. J'ai de nouveau écrit ce mot entre guillemets, parce que ces ancêtres ne pratiquaient pas la même religion que nous. Si nous vivions parmi eux, avec nos comportements d'aujourd'hui, nous aurions tous été lapidés dans la rue, jetés dans un cachot, ou brûlés sur un bûcher pour impiété, pour débauche, pour hérésie, ou pour sorcellerie.

En somme, chacun d'entre nous est dépositaire de deux héritages : l'un, « vertical », lui vient de ses ancêtres, des traditions de son peuple, de sa communauté religieuse ; l'autre, « horizontal », lui vient de son époque, de ses contemporains. C'est ce dernier qui est, me semble-t-il, le plus déterminant, et il le devient un peu plus encore chaque jour ; pourtant, cette réalité ne se reflète pas dans notre perception de nous-mêmes. Ce n'est pas de l'héritage « horizontal » que nous nous réclamons, mais de l'autre.

Qu'on me permette d'insister, c'est là un point essentiel dès lors que l'on se penche sur la notion d'identité telle qu'elle se présente de nos jours : il y a, d'un côté, ce que nous sommes dans la réalité, et ce que nous devenons sous l'effet de la mondialisation culturelle, à savoir des êtres tissés de fils de toutes les couleurs, qui partagent avec la vaste communauté de leurs contemporains l'essentiel de leurs références, l'essentiel de leurs comportements, l'essentiel de leurs croyances. Et puis il y a, d'autre part, ce que nous pensons être, ce que nous prétendons être, c'est-à-dire des membres de telle communauté et pas de telle autre, des adeptes de telle foi plutôt que de telle autre. Il ne s'agit pas de nier l'importance de nos appartenances religieuses, nationales ou autres. Il ne s'agit pas de nier l'influence souvent décisive de notre héritage « vertical ». Il s'agit surtout, à ce stade, de mettre en lumière le fait qu'il y a un fossé entre ce que nous sommes et ce que nous croyons être.

A vrai dire, si nous affirmons avec tant de rage nos différences, c'est justement parce que nous sommes de moins en moins différents. Parce qu'en dépit de nos conflits, de nos inimitiés séculaires, chaque jour qui passe réduit un peu plus nos différences et augmente un peu plus nos similitudes.

J'ai l'air de m'en réjouir. Faut-il vraiment se réjouir de voir les hommes de plus en plus semblables ? Ne serions-nous pas en train d'aller vers un monde grisâtre où l'on ne parlerait bientôt plus qu'une seule langue, où tous partageraient le même faisceau de croyances minimales, où tous regarderaient à la télévision les mêmes séries américaines en mâchonnant les mêmes sandwichs ?

Au-delà de la caricature, la question mérite d'être posée le plus sérieusement. Nous traversons, en effet, une époque fort déconcertante, au cours de laquelle la mondialisation apparaît aux yeux d'un grand nombre de nos semblables non comme un formidable brassage enrichissant pour tous, mais comme une uniformisation appauvrissante, et une menace contre laquelle il faut se battre pour préserver sa propre culture, son identité, ses valeurs.

Ce ne sont là, peut-être, que des combats d'arrière-garde, mais à l'heure actuelle, il faut avoir la modestie de reconnaître que nous n'en savons rien. On ne trouve pas toujours dans les poubelles de l'Histoire ce qu'on s'attendait à y trouver. Et puis, surtout, si tant de personnes s'estiment menacées par la mondialisation, il serait normal que ladite menace soit examinée d'un peu plus près.

On peut certes déceler, chez ceux qui se sentent en danger, la peur du changement, vieille comme l'humanité. Mais il y a aussi des inquiétudes plus actuelles, et que je n'oserais dire injustifiées. Car la mondialisation nous entraîne, d'un même mouvement, vers deux réalités opposées, l'une à mes yeux bienvenue, l'autre malvenue, à savoir l'universalité et l'uniformité. Deux voies qui nous apparaissent mêlées, indifférenciées, comme s'il s'agissait d'une voie unique. Au point qu'on peut se demander si l'une n'est pas tout simplement le visage présentable de l'autre.

Je suis persuadé, pour ma part, qu'il s'agit de deux voies distinctes, bien qu'elles se côtoient et se frôlent et s'entrelacent à perte de vue. Il serait illusoire de vouloir démêler l'écheveau séance tenante, mais on peut essayer de tirer un premier fil.

4

Le postulat de base de l'universalité, c'est de considérer qu'il y a des droits inhérents à la dignité de la personne humaine, que nul ne devrait dénier à ses semblables à cause de leur religion, de leur couleur, de leur nationalité, de leur sexe, ou pour toute autre raison. Ce qui veut dire, entre autres choses, que toute atteinte aux droits fondamentaux des hommes et des femmes au nom de telle ou telle tradition particulière — religieuse, par exemple — est contraire à l'esprit d'universalité. Il ne peut y avoir d'un côté une charte globale des droits de l'homme, et de l'autre des chartes particulières, une charte musulmane, une charte juive, une charte chrétienne, une charte africaine, une charte asiatique, etc.

Sur le principe, peu de gens contesteront cela ; dans la pratique, beaucoup se comportent comme s'ils n'y croyaient guère. Aucun gouvernement occidental, par exemple, ne pose sur les droits de l'homme en Afrique et dans le monde arabe un regard aussi exigeant que celui qu'il réserve à la Pologne ou à Cuba. Une attitude qui se prétend respectueuse, mais qui est, à mes yeux, profondément méprisante. Respecter quelqu'un, respecter son histoire, c'est considérer qu'il appartient à la même humanité, et non à une humanité différente, à une humanité au rabais.

Je ne voudrais pas m'étendre sur cette question, qui mériterait à elle seule un long développement appuyé sur des preuves. Mais je tenais à l'évoquer ici parce qu'elle est essentielle à la notion d'universalité. Celle-ci serait vide de sens si elle ne présupposait pas qu'il y a des valeurs qui concernent tous les humains, sans distinction aucune. Ces valeurs priment tout. Les traditions ne méritent d'être respectées que dans la mesure où elles sont respectables, c'est-à-dire dans l'exacte mesure où elles respectent les droits fondamentaux des hommes et des femmes. Respecter des « traditions » ou des lois discriminatoires, c'est mépriser leurs victimes. Tous les peuples et toutes les doctrines ont produit, à certains moments de leur histoire, des comportements qui se sont avérés, avec l'évolution des mentalités, incompatibles avec la dignité humaine ; nulle part on ne les abolira d'un trait de plume, mais cela ne dispense pas de les dénoncer et d'œuvrer à leur disparition.

Tout ce qui concerne les droits fondamentaux — le droit de vivre en citoyen à part entière sur la terre de ses pères sans subir aucune persécution ni discrimination ; le droit de vivre, où qu'on se trouve, dans la dignité ; le droit de choisir librement sa vie, ses amours, ses croyances, dans le respect de la liberté d'autrui ; le droit d'accéder sans entraves au savoir, à la santé, à une vie décente et honorable —, tout cela, et la liste n'est pas limitative, ne peut être dénié à nos semblables sous prétexte de préserver une croyance, une pratique ancestrale ou une tradition. Dans ce domaine, il faut tendre vers l'universalité, et même, s'il le faut, vers l'uniformité, parce que l'humanité, tout en étant multiple, est d'abord une.

Et la spécificité de chaque civilisation ? Bien sûr, il faut la respecter, mais d'une autre manière, et sans jamais se départir de sa lucidité.

Parallèlement au combat pour l'universalité des valeurs, il est impératif de lutter contre l'uniformisation appauvrissante, contre l'hégémonie idéologique ou politique ou économique ou médiatique, contre l'unanimisme bêtifiant, contre tout ce qui bâillonne les multiples expressions linguistiques, artistiques, intellectuelles. Contre tout ce qui va dans le sens d'un monde monocorde et infantilisant. Un combat pour la défense de certaines pratiques, de certaines traditions culturelles, mais un combat perspicace, exigeant, sélectif, sans frilosité, sans frayeurs excessives, et constamment ouvert sur l'avenir.

Une marée d'images, de sons, d'idées et de produits divers submerge la planète entière, transformant chaque jour un peu plus nos goûts, nos aspirations, nos comportements, notre mode de vie, notre vision du monde et aussi de nous-mêmes. De cet extraordinaire foisonnement se dégagent souvent des réalités contradictoires. Il est vrai, par exemple, que l'on trouve à présent, sur les plus grandes artères de Paris, de Moscou, de Shanghai ou de Prague, les reconnaissables enseignes du *fast food*. Mais il est tout aussi vrai que l'on trouve de plus en plus, sur tous les continents, les cuisines les plus variées, non seulement l'italienne ou la française, la chinoise ou l'indienne, qui s'exportent depuis longtemps, mais également la japonaise, l'indonésienne, la coréenne, la mexicaine, la marocaine ou la libanaise.

Pour certains, ce n'est là qu'un détail anecdotique. A mes yeux, c'est un phénomène révélateur. Révélateur de ce que peut signifier le brassage dans la vie quotidienne. Révélateur aussi de ce que peuvent être les réactions des uns et des autres. Que de gens, en effet, ne voient dans toute cette évolution qu'un seul aspect, à savoir l'engouement de certains jeunes pour la nourriture expéditive à l'américaine. Je ne suis pas un partisan du laisser-faire, et je n'ai qu'estime pour ceux qui, justement, ne se laissent pas faire. Se battre pour préserver le caractère traditionnel d'une rue, d'un quartier, ou une certaine qualité de vie, c'est là un combat légitime et souvent nécessaire. Mais il ne doit pas nous empêcher de voir l'ensemble du tableau.

Que l'on puisse, partout dans le monde, si on le désire, manger à la mode du pays, mais aussi s'essayer à d'autres traditions culinaires, y compris celle des Etats-Unis ; que les Britanniques préfèrent le curry à la mint sauce, que les Français commandent parfois un couscous au lieu d'une potée et qu'un habitant de Minsk, après des décennies de grisaille, se ménage la fantaisie d'un hamburger au ketchup — rien de cela ne m'irrite, je dois l'avouer, ni ne m'attriste. Je voudrais, au contraire, que le phénomène s'amplifie davantage, je voudrais que chaque tradition culinaire, qu'elle vienne du Sichuan, d'Alep, de la Champagne, des Pouilles, de Hanovre ou de Milwaukee, puisse s'apprécier dans le monde entier.

Ce que je dis de la cuisine, je pourrais l'étendre à bien d'autres aspects de la culture quotidienne. La musique par exemple. Là encore, il y a un foisonnement extraordinaire. D'Algérie nous parviennent souvent les nouvelles les plus révoltantes, mais il en émane aussi des musiques inventives, répandues par tous ces jeunes qui s'expriment en arabe, en français, ou en kabyle ; certains sont demeurés au pays, malgré tout, alors que d'autres sont partis, mais en emportant avec eux, en eux, la vérité d'un peuple, l'âme d'une culture, dont ils portent témoignage.

Leur parcours ne peut que rappeler celui, plus ancien et plus ample, des Africains conduits jadis comme esclaves vers les Amériques. Aujourd'hui, leur musique, sortie de Louisiane ou bien des Caraïbes, s'est répandue à travers le monde, elle fait désormais partie de notre patrimoine musical et affectif. C'est aussi cela, la mondialisation. Jamais, dans le passé, l'humanité n'avait eu les moyens techniques d'entendre tant de musiques, à volonté, toutes ces voix venues du Cameroun, d'Espagne, d'Egypte, d'Argentine, du Brésil, du Cap-Vert, comme de Liverpool, de Memphis, de Bruxelles ou de Naples. Jamais autant de personnes n'avaient eu la possibilité de jouer, de composer, de chanter et de se faire entendre.

5

Si j'insiste sur ce qui apparaît, à mes yeux, comme l'un des bienfaits de la mondialisation, comme un authentique facteur d'universalité, je ne voudrais pas pour autant passer sous silence l'inquiétude de ceux qui voient dans ce foisonnement un phénomène beaucoup moins significatif que la prédominance croissante de la chanson anglo-saxonne. Une inquiétude que l'on observe également dans bien d'autres domaines, lorsqu'on évoque par exemple l'influence de certains médias internationaux, et aussi à propos du cinéma, où le poids de Hollywood est indiscutablement écrasant.

J'ai parlé d'inquiétude ; ce vocable imprécis ne rend pas compte de l'extrême diversité des réactions. Entre un cafetier parisien qui s'irrite d'entendre trop peu de chansons françaises à la radio, et un prêcheur fanatique qui appelle « paradiaboliques » les antennes paraboliques parce qu'elles véhiculent, selon lui, le chant des sirènes de l'Occident, il n'y a rien de commun. Sauf peut-être une certaine méfiance face à la culture globale telle qu'elle est en train de se forger. En tout cas, s'agissant de moi, ces deux inquiétudes m'inquiètent, si je puis dire ; non pas également, mais simultanément. Je ne voudrais pas d'un monde arabe en rage contre la modernité, et qui régresse ; et je ne voudrais pas non plus d'une France frileuse, qui entre dans le nouveau millénaire d'un pas hésitant.

Cela étant dit, je tiens à répéter que si les inquiétudes que suscite la mondialisation me paraissent quelquefois excessives, je ne les juge pas sans fondement.

Elles sont, me semble-t-il, de deux sortes. La première, je me contenterai de la signaler plus brièvement qu'elle ne le mérite, parce qu'elle déborde largement le cadre de cet essai. C'est l'idée selon laquelle le bouillonnement actuel, plutôt que de conduire à un enrichissement extraordinaire, à la multiplication des voies d'expression, à la diversification des opinions, conduit paradoxalement à l'inverse, à l'appauvrissement ; ainsi, ce foisonnement d'expressions musicales débridées ne déboucherait, finalement, que sur une espèce de musique d'ambiance mièvre et doucereuse ; ainsi, le formidable brassage des idées ne produirait qu'une opinion unanimiste, simpliste, un plus-petit-commun-dénominateur intellectuel ; au point que tout le monde, bientôt, à l'exception d'une poignée d'originaux, finira par lire — s'il lit ! — les mêmes romans stéréotypés, par écouter des mélodies indistinctes déversées à la tonne, par regarder des films produits selon les mêmes canevas, en un mot par avaler la même bouillie informe de sons, d'images et de croyances.

A propos des médias, on pourrait exprimer la même frustration. On s'imagine parfois qu'avec tant de journaux, de radios, de télés, on va entendre une infinité d'opinions différentes. Puis on découvre que c'est l'inverse : la puissance de ces porte-voix ne fait qu'amplifier l'opinion dominante du moment, au point de rendre inaudible tout autre son de cloche. Il est vrai que le déferlement d'images et de mots ne favorise pas toujours l'esprit critique.

Devrions-nous en conclure que le foisonnement, plutôt que d'être un facteur de diversité culturelle, mène en fait, par la vertu de quelque loi insidieuse, à l'uniformité ? Le risque existe, sans aucun doute, comme nous le laissent entrevoir la tyrannie des taux d'écoute et les dérapages du « politiquement correct ». Mais c'est le risque inhérent à tout système démocratique ; on peut redouter le pire si l'on s'en remet passivement à la pesanteur du nombre ; en revanche, aucune dérive n'est inéluctable si l'on utilise à bon escient les moyens d'expression dont on dispose, et si l'on sait voir, sous la réalité simpliste des chiffres, la réalité complexe des hommes.

Car — faut-il le rappeler ? — nous ne sommes pas à l'ère des masses, malgré certaines apparences, mais à l'ère des individus. De ce point de vue, l'humanité, après avoir frôlé au cours du XXe siècle les plus graves périls de son histoire, s'en est sortie plutôt mieux que prévu.

Bien que la population de la planète ait presque quadruplé en cent ans, il m'apparaît que, dans l'ensemble, chaque personne est plus consciente

que par le passé de son individualité, plus
consciente de ses droits, un peu moins sans doute
de ses devoirs, plus attentive à sa place dans la
société, à sa santé, à son bien-être, à son corps, à
son avenir propre, aux pouvoirs dont elle dispose,
à son identité — quel que soit par ailleurs le
contenu qu'elle lui donne. Il me semble également
que chacun d'entre nous, s'il sait user des moyens
inouïs qui sont aujourd'hui à sa portée, peut
influencer de manière significative ses contemporains, et les générations futures. A condition
d'avoir quelque chose à leur dire. A condition,
aussi, de se montrer inventif, parce que les nouvelles réalités ne nous arrivent pas accompagnées
de leur mode d'emploi.

A condition, surtout, de ne pas se blottir chez
soi en marmonnant : « Monde cruel, je ne veux
plus de toi ! »

Pareille frilosité serait tout aussi stérile
s'agissant de l'autre inquiétude que suscite la
mondialisation. En cause, cette fois, non plus
l'uniformisation par la médiocrité, mais l'uniformisation par l'hégémonie. Une inquiétude des
plus répandues, et qui est à l'origine de nombreux
conflits sanglants, ainsi que d'innombrables tensions.

Cette inquiétude pourrait se formuler comme
suit : la mondialisation est-elle autre chose qu'une
américanisation ? N'aura-t-elle pas pour principale conséquence d'imposer au monde entier une
même langue, un même système économique,
politique et social, un même mode de vie, une
même échelle des valeurs, ceux des Etats-Unis

d'Amérique ? A en croire certains, l'ensemble du phénomène de mondialisation ne serait qu'un déguisement, un camouflage, un cheval de Troie, sous lequel se dissimulerait une entreprise de domination.

Pour tout observateur raisonnable, l'idée d'une évolution des techniques et des mœurs « téléguidée » par une grande puissance, ou par une coalition de puissances, est absurde. En revanche, on peut légitimement se demander si la mondialisation ne va pas conforter la prédominance d'une civilisation ou l'hégémonie d'une puissance. Ce qui présenterait deux périls graves : le premier, celui de voir peu à peu disparaître des langues, des traditions, des cultures ; le second, celui de voir les porteurs de ces cultures menacées adopter des attitudes de plus en plus radicales, de plus en plus suicidaires.

Les risques d'hégémonie sont réels. C'est même un euphémisme que de parler seulement de « risques ». Il ne fait pas de doute que la civilisation occidentale a acquis, depuis des siècles, un statut privilégié par rapport à toutes les autres, celles de l'Asie, de l'Afrique, de l'Amérique précolombienne et de l'Europe orientale, qui se sont retrouvées de plus en plus marginalisées, et profondément influencées, pour ne pas dire remodelées, par l'Occident chrétien. Il ne fait pas de doute non plus qu'avec l'écroulement de l'Union soviétique, les pays occidentaux développés ont réussi à établir la prééminence absolue de leur système économique et politique, qui est en train de devenir la norme pour le monde entier.

De même, point n'est besoin de multiplier les démonstrations pour constater que les Etats-Unis, qui sont devenus, à l'issue de la guerre froide, la seule véritable superpuissance, exercent aujourd'hui sur l'ensemble de la planète une influence sans précédent. Influence qui se manifeste de diverses manières, quelquefois par une action délibérée — pour régler un conflit régional, pour déstabiliser un adversaire ou pour infléchir la politique économique d'un rival —, mais souvent aussi par une incitation involontaire, par la force et l'attrait du modèle ; des milliards d'hommes et de femmes, issus des cultures les plus différentes, sont tentés d'imiter les Américains, de manger comme eux, de s'habiller comme eux, de parler et de chanter comme eux ; comme eux, ou comme on se les représente.

Si j'énumère toutes ces évidences, c'est parce qu'il m'a paru utile de les rappeler explicitement avant de formuler les questions qui en découlent. A savoir : la culture globale, qui s'élabore jour après jour, dans quelle mesure sera-t-elle essentiellement occidentale, et même très spécifiquement américaine ? A partir de cette interrogation, s'enchaînent d'autres : Que vont devenir les diverses cultures ? Que vont devenir les nombreuses langues que nous parlons aujourd'hui ? Juste des dialectes locaux, destinés à disparaître tôt ou tard ? Et dans quelle atmosphère va se dérouler la mondialisation dans les décennies à venir si elle apparaît de plus en plus comme destructrice des cultures, des langues, des rites, des croyances, des traditions, comme destructrice des identités ? Si chacun de nous était sommé de se renier pour accéder à la modernité telle qu'elle se définit et telle qu'elle se définira, la réaction passéiste ne va-t-elle pas se généraliser, et la violence aussi ?

IV

APPRIVOISER LA PANTHÈRE

1

Ni dans les pages qui précèdent ni dans celles qui suivent, cet essai ne cherche à embrasser l'ensemble des phénomènes — économiques, technologiques, géopolitiques... — que recouvre la notion de mondialisation ; pas plus qu'il n'avait cherché, dans les premiers chapitres, à épuiser la vaste notion d'identité. Ici encore, l'objectif est bien plus modeste, bien plus précis : essayer de comprendre de quelle manière ladite mondialisation exacerbe les comportements identitaires, et de quelle manière elle pourrait un jour les rendre moins meurtriers.

Ma réflexion part d'une constatation : lorsqu'une société voit dans la modernité « la main de l'étranger », elle a tendance à la repousser et à s'en protéger. J'en ai longuement parlé à propos du monde arabo-musulman et de ses rapports compliqués avec tout ce qui lui vient d'Occident. Un phénomène comparable peut s'observer aujourd'hui, dans divers coins du globe, s'agissant de la mondialisation. Et si l'on veut éviter que celle-ci ne déchaîne, chez des millions et des millions de nos semblables, une réaction de rejet systématique, rageur, suicidaire, il est essentiel que la civilisation globale qu'elle est en train de bâtir n'apparaisse pas comme exclusivement américaine ; il faut que chacun puisse s'y reconnaître un peu, que chacun puisse s'identifier un peu à elle, que personne ne soit amené à considérer qu'elle lui est irrémédiablement étrangère, et, de ce fait, hostile.

Ici encore, il me paraît utile de faire référence au principe-clé qu'est celui de « réciprocité » : aujourd'hui, chacun d'entre nous doit nécessairement adopter d'innombrables éléments venus des cultures les plus puissantes ; mais il est essentiel que chacun puisse vérifier aussi que certains éléments de sa propre culture — des personnages, des modes, des objets d'art, des objets usuels, des musiques, des plats, des mots... — sont adoptés sur tous les continents, y compris en Amérique du Nord, et font désormais partie du patrimoine universel, commun à toute l'humanité.

L'identité est d'abord affaire de symboles, et même d'apparences. Lorsque je vois, au sein d'une assemblée, des personnes qui portent un nom ayant les mêmes consonances que le mien, qui ont la même couleur de peau, ou les mêmes affinités, voire les mêmes infirmités, je peux me sentir représenté par une telle assemblée. Un « fil d'appartenance » me relie à elle, qui peut être ténu ou épais, mais il est vite repéré par ceux dont l'identité est à fleur de peau.

Ce qui est vrai d'une assemblée est tout aussi vrai d'un groupe social, d'une communauté nationale, ainsi que de la communauté globale. Où que l'on soit, on a besoin de ces signes d'identification, de ces passerelles vers l'autre — c'est encore la

manière la plus « civile » de satisfaire le besoin
d'identité.

Certaines sociétés, attentives à cet aspect des
choses quand il s'agit de réduire leurs tensions
internes, le sont beaucoup moins dès qu'il s'agit
des rapports entre les diverses cultures au plan
mondial. Je pense évidemment aux Etats-Unis.
Que l'on y soit d'origine polonaise, irlandaise, italienne, africaine ou hispanique, chaque fois qu'on
s'assied devant son téléviseur, on voit défiler inévitablement des noms ou des visages polonais,
irlandais, italiens, africains ou hispaniques. C'est
parfois tellement systématique, tellement « fabri-
qué », tellement convenu, que c'en est irritant.
Dans les séries policières, neuf fois sur dix le vio-
leur est blond aux yeux bleus, pour qu'on ne
donne pas l'impression de dépeindre les minorités de manière négative ; et lorsque le délinquant
est noir, et que le détective qui le pourchasse est
blanc, on s'arrange pour que le chef de la police
soit noir, lui aussi. Agaçant ? Peut-être. Mais
quand on se souvient des vieux films de cow-boys
et d'Indiens, où ces derniers étaient fauchés par
vagues entières sous les applaudissements fréné-
tiques des gamins, on se dit que l'attitude actuelle
est un moindre mal.

Cela étant dit, je ne voudrais pas non plus
accorder à ces pratiques équilibristes plus de cré-
dit qu'elles n'en méritent. Car si elles aident parfois à faire reculer les préjugés raciaux ou ethniques ou autres, elles contribuent souvent aussi
à les perpétuer. Au nom du même principe
— « qu'aucun Américain ne se sente offensé par
ce qu'il voit ou entend » — toute union, à l'écran,
entre un Blanc et une Noire, ou entre une Blanche

et un Noir, est quasiment proscrite, parce que l'opinion, nous dit-on, n'est pas à l'aise avec ce genre de métissage. Alors on fait en sorte que chacun « fréquente » dans sa « tribu ». Et là encore, c'est tellement systématique, tellement prévisible, que c'en est exaspérant, et même insultant.

Tels sont les dérapages de l'unanimisme infantilisant... Mais ils n'abolissent pas, à mes yeux, la justesse de cette idée simple qui prévaut aujourd'hui aux Etats-Unis, et selon laquelle tout citoyen, et notamment tout « minoritaire », en regardant la télévision, doit pouvoir se reconnaître dans les noms et les visages qui y apparaissent, et doit s'y voir représenté positivement, afin qu'il ne se sente pas exclu de la communauté nationale.

Une idée qui mériterait d'être reprise dans un cadre plus vaste : puisque toute la planète peut aujourd'hui avoir accès aux mêmes images, aux mêmes sons, aux mêmes produits, ne serait-il pas normal que ces images, ces sons, ces produits soient représentatifs de toutes les cultures, que chacun puisse s'y reconnaître, et que personne ne s'en estime exclu ? Au plan global, comme au sein de chaque société, personne ne devrait se sentir bafoué, dévalorisé, raillé, « diabolisé », au point d'être contraint de dissimuler honteusement sa religion, ou sa couleur, ou sa langue, ou son nom, ou n'importe quel élément constitutif de son identité, pour pouvoir vivre au milieu des autres. Chacun devrait pouvoir assumer, la tête haute, sans peur et sans rancœur, chacune de ses appartenances.

Il serait désastreux que la mondialisation en cours fonctionne à sens unique, d'un côté les « émetteurs universels », de l'autre les « récepteurs » ; d'un côté « la norme », de l'autre « les exceptions » ; d'un côté ceux qui sont convaincus que le reste du monde ne peut rien leur apprendre, de l'autre ceux qui sont persuadés que le monde ne voudra jamais les écouter.

En écrivant cela, je ne songe plus seulement à la tentation hégémonique, mais aussi à cette autre tentation, qui se manifeste dans divers coins de la planète, qui est en quelque sorte l'inverse de la première, ou son image en négatif, et qui me paraît tout aussi néfaste : la tentation du dépit.

Que de gens, pris de vertige, renoncent à comprendre ce qui se passe. Que de gens renoncent à apporter leur contribution à la culture universelle émergente, parce qu'ils ont décrété une fois pour toutes que le monde qui les entoure était impénétrable, hostile, carnassier, démentiel, démoniaque. Que de gens sont tentés de se cantonner dans leur rôle de victimes — victimes de l'Amérique, victimes de l'Occident, victimes du capitalisme ou du libéralisme, victimes des nouvelles technologies, victimes des médias, victimes du changement... Nul ne peut nier que ces personnes se sentent effectivement spoliées, et qu'elles en souffrent ; c'est leur réaction qui me paraît malencontreuse. S'enfermer dans une mentalité d'agressé est plus dévastateur encore pour la victime que l'agression elle-même. C'est tout aussi vrai, d'ailleurs, pour les sociétés que pour les individus. On se recroqueville, on se barricade, on se protège de tout, on se ferme, on rumine, on ne cherche plus, on n'explore plus, on n'avance plus, on a peur de l'avenir et du présent et des autres.

À ceux qui réagissent ainsi, j'ai constamment envie de dire : le monde d'aujourd'hui ne ressemble pas à l'image que vous vous en faites ! Ce n'est pas vrai qu'il est dirigé par des forces obscures, omnipotentes ! Ce n'est pas vrai qu'il appartient aux « autres » ! Sans doute l'ampleur de la mondialisation, comme la rapidité vertigineuse des changements, donnent-elles à chacun d'entre nous le sentiment d'être submergé par tout ce qui se passe, et incapable de modifier le cours des choses. Mais il est essentiel de se rappeler constamment que c'est là un sentiment extrêmement partagé, y compris par ceux que l'on a coutume de voir tout en haut de l'échelle.

Je disais dans un chapitre précédent que tout le monde, à notre époque, se sentait un peu minoritaire, et un peu exilé. C'est que toutes les communautés, toutes les cultures ont l'impression de se mesurer à plus fort qu'elles, et de ne plus pouvoir garder leur héritage intact. Vu du Sud et de l'Est, c'est l'Occident qui domine ; vu de Paris, c'est l'Amérique qui domine ; pourtant, quand on se déplace vers les États-Unis, que voit-on ? Des minorités, qui reflètent toute la diversité du monde, et qui toutes éprouvent le besoin d'affirmer leur appartenance d'origine. Et lorsqu'on a fait le tour de ces minorités, lorsqu'on s'est entendu dire mille fois que le pouvoir était aux mains des mâles blancs, aux mains des protestants anglo-saxons, on entend soudain une immense explosion à Oklahoma City. Qui en sont les auteurs ? Justement des mâles blancs anglo-saxons et protestants qui, eux, sont persuadés

d'être la plus négligée et la plus bafouée des minorités, qui, eux, sont persuadés que la mondialisation sonne le glas de « leur » Amérique. Aux yeux
du reste du monde, Timothy McVeigh et ses aco-
lytes ont exactement le profil ethnique de ceux qui
sont censés dominer la planète et tenir notre avenir dans leurs mains ; à leurs propres yeux, ils ne
sont qu'une espèce en voie de disparition, qui n'a
plus d'autre arme que le terrorisme le plus meur-
trier.

A qui donc appartient le monde ? A aucune race
en particulier, à aucune nation en particulier. Il
appartient, plus qu'à d'autres moments de l'Histoire, à tous ceux qui veulent s'y tailler une place.
Il appartient à tous ceux qui cherchent à saisir les
nouvelles règles du jeu — aussi déroutantes
soient-elles — pour les utiliser à leur avantage.

Qu'on me comprenne bien, je ne cherche pas à
couvrir d'un voile pudique les laideurs du monde
où nous vivons, dès le commencement de ce livre
je n'ai fait que dénoncer ses dysfonctionnements,
ses outrances, ses inégalités, ses dérapages meurtriers ; ce contre quoi je m'élève ici, avec quelque
passion, c'est contre la tentation du désespoir,
contre cette attitude fort répandue chez les
tenants des cultures « périphériques », et qui
consiste à s'installer dans l'amertume, la résignation, la passivité — pour n'en plus sortir que par
la violence suicidaire.

Je ne doute pas que la mondialisation menace
la diversité culturelle, en particulier la diversité
des langues et des modes de vie ; je suis même
persuadé que cette menace est infiniment plus
grave que par le passé, comme j'aurai l'occasion
d'en reparler dans les pages qui suivent ; seule-

ment, le monde d'aujourd'hui donne aussi à ceux qui veulent préserver les cultures menacées les moyens de se défendre. Au lieu de décliner et de disparaître dans l'indifférence comme ce fut le cas depuis des siècles, ces cultures ont désormais la possibilité de se battre pour leur survie ; ne serait-il pas absurde de ne pas en user ?

Les bouleversements technologiques et sociaux qui se produisent autour de nous constituent un phénomène historique d'une grande complexité et d'une grande ampleur, dont chacun peut tirer profit, et que personne — pas même l'Amérique ! — n'est capable de maîtriser. La mondialisation n'est pas l'instrument d'un « ordre nouveau » que « certains » chercheraient à faire régner sur le monde, je la comparerais plutôt à une immense arène, ouverte de toutes parts, dans laquelle se dérouleraient en même temps mille joutes, mille combats, et où chacun pourrait s'introduire avec sa propre rengaine, sa propre panoplie, en une cacophonie indomptable.

L'Internet, par exemple, vu de l'extérieur et avec un a priori de méfiance, est un monstre planétaire ectoplasmique par le moyen duquel les puissants de ce monde étendent leurs tentacules sur la terre entière ; vu de l'intérieur, l'Internet est un formidable outil de liberté, un espace raisonnablement égalitaire dont chacun peut se servir à sa guise, et au sein duquel quatre étudiants astucieux peuvent exercer autant d'influence qu'un chef d'Etat ou une compagnie pétrolière. Et si la prédominance de l'anglais y est écrasante, la diversité des langues s'y épanouit chaque jour un peu plus, favorisée par certaines inventions en matière de traduction courante — inventions encore balbutiantes, encore indigentes, et qui produisent parfois un effet hilarant ; mais qui n'en sont pas moins prometteuses pour l'avenir.

Plus généralement, les nouveaux moyens de communication offrent à un très grand nombre de nos contemporains, à des gens qui vivent dans tous les pays et sont porteurs de toutes les traditions culturelles, la possibilité de contribuer à l'élaboration de ce qui deviendra demain notre culture commune.

Si l'on veut empêcher sa langue de mourir, si l'on veut faire connaître dans le monde, faire respecter et faire aimer la culture au sein de laquelle on a grandi, si l'on souhaite que la communauté à laquelle on appartient connaisse la liberté, la démocratie, la dignité et le bien-être, la bataille n'est pas perdue d'avance. Des exemples venus de tous les continents montrent que ceux qui se battent habilement contre la tyrannie, contre l'obscurantisme, contre la ségrégation, contre le mépris, contre l'oubli, peuvent souvent obtenir gain de cause. Et aussi ceux qui se battent contre la famine, l'ignorance ou l'épidémie. Nous vivons une époque étonnante où toute personne qui a une idée, fût-elle géniale, perverse, ou superflue, peut la faire parvenir, dans la journée, à des dizaines de millions de ses semblables.

Si l'on croit en quelque chose, si l'on porte en soi-même suffisamment d'énergie, suffisamment de passion, suffisamment d'appétit de vivre, on peut trouver dans les ressources qu'offre le monde d'aujourd'hui les moyens de réaliser quelques-uns de ses rêves.

2

Aurais-je cherché à dire, à travers ces exemples, que toutes les fois que la civilisation d'aujourd'hui nous confronte à un problème, elle nous fournit, providentiellement, les moyens de le résoudre ? Je ne crois pas qu'il y ait là matière à énoncer une quelconque loi. Il est vrai, néanmoins, que la formidable puissance qui est donnée à l'homme par la science et la technologie modernes peut servir à des usages opposés, les uns dévastateurs, les autres réparateurs. Ainsi, jamais la nature n'a été aussi malmenée ; mais nous sommes, bien plus qu'avant, en mesure de la protéger, parce que nos moyens d'intervention sont plus importants, et aussi parce que notre prise de conscience est plus grande qu'auparavant.

Ce qui ne veut pas dire que notre action réparatrice soit toujours à la hauteur de notre capacité de nuisance, comme le montrent, hélas, bien des exemples, tel celui de la couche d'ozone ou celui des nombreuses espèces encore menacées d'extinction.

J'aurais pu évoquer d'autres domaines que l'environnement. Si j'ai choisi ce dernier, c'est parce que certains des périls qu'on y rencontre présentent des similitudes avec ceux auxquels nous confronte la mondialisation. Dans les deux cas, la diversité est menacée ; à l'instar de ces espèces qui ont vécu des millions d'années pour venir s'éteindre sous nos yeux, bien des cultures qui ont réussi à se maintenir pendant des centaines, des milliers d'années, pourraient également s'éteindre sous nos yeux si nous n'y prenons garde.

Certaines disparaissent déjà. Des langues cessent d'être parlées avec la mort de leurs derniers locuteurs. Des communautés humaines qui avaient forgé au cours de l'Histoire une culture originale, faite de mille et une trouvailles — vestimentaires, médicinales, picturales, musicales, gestuelles, artisanales, culinaires, narratives... —, sont menacées de perdre leur terre, leur langue, leur mémoire, leur savoir, leur identité spécifique, leur dignité.

Je ne parle pas seulement des sociétés qui sont restées depuis toujours largement à l'écart des grands mouvements de l'Histoire, je parle des innombrables communautés humaines d'Occident et d'Orient, du Nord comme du Sud, dans la mesure où elles ont, toutes, leurs spécificités. Dans mon esprit, il ne s'agit pas de figer l'une ou l'autre à un moment de son développement, et encore moins de la transformer en attraction de foire ; il s'agit de préserver notre patrimoine commun de connaissances et d'activités, dans toute sa diversité, et sous tous les cieux, de la Provence à Bornéo, et de la Louisiane à l'Amazonie ; il s'agit de donner à tous les hommes la possibilité de vivre pleinement dans le monde d'aujourd'hui, de profiter pleinement de toutes les avancées techniques, sociales, intellectuelles, sans perdre pour autant leur mémoire spécifique, ni leur dignité.

Pourquoi serions-nous moins attentifs à la diversité des cultures humaines qu'à la diversité des espèces animales ou végétales ? Notre volonté si légitime de préserver notre environnement ne devrait-elle pas s'étendre aussi à l'environnement humain ? Du point de vue de la nature comme de celui de la culture, notre planète serait bien triste s'il n'y avait plus que les espèces « utiles », et quelques autres qui nous paraissent « décoratives », ou qui ont acquis valeur symbolique.

A l'évocation de tous ces aspects de la culture humaine, il apparaît clairement que celle-ci relève à la fois de deux logiques différentes, celle de l'économie, qui tend de plus en plus vers une concurrence sans entraves, et celle de l'écologie, qui est d'inspiration protectrice. La première est, à l'évidence, dans l'air du temps, mais la seconde aura toujours sa raison d'être. Même les pays les plus favorables à la liberté absolue des échanges édictent des lois protectrices pour éviter, par exemple, qu'un site naturel soit saccagé par les promoteurs. S'agissant de culture, il faut parfois recourir aux mêmes procédés, pour établir des garde-fous, pour éviter l'irréparable.

Mais ce ne peut être qu'une solution provisoire. A terme, il faudra que nous, les citoyens, prenions le relais ; le combat pour la diversité culturelle sera gagné lorsque nous serons prêts à nous mobiliser, intellectuellement, affectivement et matériellement, en faveur d'une langue menacée de disparition, avec autant de conviction que pour empêcher l'extinction du panda ou du rhinocéros.

J'ai constamment cité la langue au nombre des éléments qui définissent une culture, et une identité ; sans toutefois insister sur le fait qu'il ne s'agit pas seulement d'un élément parmi d'autres. En cette dernière partie du livre, le moment est peut-être venu de la séparer du lot pour lui accorder la place qu'elle mérite.

De toutes les appartenances que nous nous reconnaissons, elle est presque toujours l'une des plus déterminantes. Au moins autant que la religion, dont elle a été, tout au long de l'Histoire, la principale rivale, d'une certaine manière, mais quelquefois aussi l'alliée. Lorsque deux communautés pratiquent des langues différentes, leur religion commune ne suffit pas à les rassembler — catholiques flamands et wallons, musulmans turcs, kurdes ou arabes, etc. ; pas plus, d'ailleurs, que la communauté de langue n'assure aujourd'hui, en Bosnie, la coexistence entre les orthodoxes serbes, les catholiques croates, et les musulmans. Partout dans le monde, bien des Etats forgés autour d'une langue commune ont été démantelés par les querelles religieuses, et bien d'autres Etats, forgés autour d'une religion commune, ont été déchiquetés par les querelles linguistiques.

Cela pour la rivalité. Dans le même temps, il ne fait pas de doute que des « alliances » séculaires se sont tissées, entre l'islam et la langue arabe, par exemple, entre l'Eglise catholique et la langue latine, entre la Bible de Luther et la langue allemande. Et si les Israéliens forment aujourd'hui une nation, ce n'est pas seulement en raison du lien religieux qui les unit, aussi puissant soit-il, c'est aussi parce qu'ils ont réussi à se doter, avec l'hébreu moderne, d'une véritable langue nationale ; quelqu'un qui vivrait quarante ans en Israël sans jamais entrer dans une synagogue ne se mettrait pas, d'emblée, en marge de la communauté nationale ; on ne pourrait pas dire la même chose de quelqu'un qui y vivrait quarante ans sans vouloir apprendre l'hébreu. C'est vrai de beaucoup d'autres pays, partout dans le monde, et on n'aurait pas besoin de longues démonstrations pour constater qu'un homme peut vivre sans aucune religion, mais évidemment pas sans aucune langue.

Une autre observation, tout aussi évidente, mais qui mérite d'être rappelée dès que l'on compare ces deux éléments majeurs de l'identité : la religion a vocation à être exclusive, la langue pas. On peut pratiquer à la fois l'hébreu, l'arabe, l'italien et le suédois, mais on ne peut être à la fois juif, musulman, catholique et luthérien ; d'ailleurs, même lorsqu'on se considère soi-même comme un adepte de deux religions à la fois, une telle position n'est pas acceptable pour les autres.

A partir de cette comparaison lapidaire entre religion et langue, je ne cherche pas à établir une primauté, ni une préférence. Je voudrais seulement attirer l'attention sur le fait que la langue a cette merveilleuse particularité d'être à la fois facteur d'identité et instrument de communication. Pour cela, et contrairement au souhait que je formulais s'agissant de la religion, séparer le linguistique de l'identitaire ne me paraît ni envisageable, ni bénéfique. La langue a vocation à demeurer le pivot de l'identité culturelle, et la diversité linguistique le pivot de toute diversité.

Sans vouloir étudier dans le détail un phénomène aussi complexe que les rapports entre les hommes et leurs langues, il me semble important d'évoquer, dans le cadre bien délimité de cet essai, certains aspects qui concernent spécifiquement la notion d'identité.

Pour constater, d'abord, que chez tout être humain existe le besoin d'une langue identitaire ; celle-ci est parfois commune à des centaines de millions d'individus, et parfois à quelques milliers seulement, peu importe ; à ce niveau, seul compte le sentiment d'appartenance. Chacun d'entre nous a besoin de ce lien identitaire puissant et rassurant.

Rien n'est plus dangereux que de chercher à rompre le cordon maternel qui relie un homme à sa langue. Lorsqu'il est rompu, ou gravement perturbé, cela se répercute désastreusement sur l'ensemble de la personnalité. Le fanatisme qui ensanglante l'Algérie s'explique par une frustration liée à la langue plus encore qu'à la religion ; la France n'a guère tenté de convertir les musulmans d'Algérie au christianisme, mais elle a voulu remplacer leur langue par la sienne, de manière expéditive, et sans leur donner en échange une véritable citoyenneté ; soit dit en passant, je n'ai jamais compris comment un Etat qui se disait laïc avait pu désigner certains de ses ressortissants par l'appellation de « Français musulmans », et les priver de certains de leurs droits pour la seule raison qu'ils étaient d'une autre religion que la sienne...

Mais je referme vite la parenthèse, ce n'était là qu'un exemple tragique parmi tant d'autres ; la place me manquerait si je cherchais à décrire dans le détail tout ce que les hommes doivent endurer, aujourd'hui encore, et dans tous les pays, du seul fait qu'ils s'expriment dans une langue qui suscite autour d'eux la méfiance, l'hostilité, le mépris ou la moquerie.

Il est essentiel que soit établi clairement, sans la moindre ambiguïté, et que soit surveillé sans relâche le droit de tout homme à conserver sa langue identitaire, et à s'en servir librement. Cette liberté-là me paraît plus importante encore que la liberté de croyance ; celle-ci protège parfois des doctrines hostiles à la liberté et contraires aux droits fondamentaux des femmes et des hommes ; j'aurais, quant à moi, des scrupules à défendre le droit d'expression de ceux qui prônent l'abolition des libertés et diverses doctrines de haine et d'asservissement ; à l'inverse, proclamer le droit de tout homme à parler sa langue ne devrait susciter aucune hésitation de cet ordre.

Ce qui ne veut pas dire que ce droit soit toujours facile à mettre en œuvre. Une fois le principe énoncé, l'essentiel reste à faire. Est-ce que toute personne peut revendiquer le droit d'aller dans une administration et de parler sa langue identitaire en étant assurée que le fonctionnaire assis derrière son guichet la comprendra ? Est-ce qu'une langue qui a longtemps été opprimée, ou tout au moins négligée, peut légitimement réaffirmer sa place aux dépens des autres, et au risque d'instaurer un autre type de discrimination ? Il ne s'agit évidemment pas ici de se pencher sur les différents cas de figure, qui se comptent par centaines, du Pakistan au Québec, et du Nigeria à la Catalogne ; il s'agit d'entrer avec bon sens dans une ère de liberté et de sereine diversité, en se débarrassant des injustices passées sans les remplacer par d'autres injustices, par d'autres exclusions, par d'autres intolérances, et en reconnaissant à toute personne le droit de faire coexister, au sein de son identité, plusieurs appartenances linguistiques.

Bien entendu, toutes les langues ne sont pas nées égales. Mais je dirai d'elles ce que je dis des personnes, à savoir qu'elles ont toutes également droit au respect de leur dignité. Du point de vue du besoin d'identité, la langue anglaise et la langue islandaise remplissent exactement le même rôle ; c'est lorsqu'on envisage l'autre fonction de la langue, celle d'instrument d'échange, qu'elles cessent d'être égales.

3

Sur cette inégalité des langues je voudrais m'arrêter, l'espace de quelques pages, pour une raison qui me touche de près, et que j'ai déjà eu l'occasion d'évoquer : en France, lorsque je perçois chez certaines personnes des inquiétudes quant à la marche du monde, des réticences devant telle ou telle innovation technologique, devant telle ou telle mode intellectuelle ou verbale ou musicale ou alimentaire, lorsque j'observe des signes de « frilosité », de nostalgie excessive et même de passéisme, c'est très souvent lié, d'une manière ou d'une autre, au ressentiment que les gens éprouvent face à l'avancée continuelle de l'anglais, et à son statut actuel de langue internationale prédominante.

Par certains aspects, cette attitude paraît spécifique à la France. Parce qu'elle avait elle-même, en matière de langue, des ambitions globales, elle a été la première à pâtir de l'extraordinaire ascension de l'anglais ; pour les pays qui n'avaient pas — ou qui n'avaient plus — de telles espérances, le problème des rapports avec la langue prédomi-

nante ne se pose pas dans les mêmes termes
— mais il se pose !

Aux plus petits comme aux plus grands. Si je
reprends l'exemple de l'islandais, dont les locuteurs n'atteignent pas trois cent mille âmes, les
données du problème paraissent simples : tous les
habitants de l'île parlent leur langue lorsqu'ils
sont entre eux, et dès qu'ils ont un contact avec
l'étranger, ils ont intérêt à bien connaître l'anglais.
Chaque langue semble avoir son espace, bien délimité ; aucune rivalité à l'extérieur, puisque l'islandais n'a jamais été une langue d'échanges internationaux ; et aucune rivalité à l'intérieur,
puisque aucune mère islandaise n'aurait l'idée de
parler à son fils en anglais.

Les choses se compliquent, cependant, dès
qu'on envisage le vaste domaine de l'accès au
savoir. L'Islande est contrainte à un effort
constant, et coûteux, pour que ses jeunes conti-
nuent à lire en islandais, plutôt qu'en anglais, ce
qui se publie dans le reste du monde. Sinon, si la
vigilance se relâche, si l'on se contente de faire
jouer la loi du nombre et la loi du marché, la
langue nationale ne servira bientôt plus qu'aux
usages domestiques, son domaine rétrécira, et
elle finira par devenir un vulgaire parler local.
Pour que l'islandais demeure une langue à part
entière, et un élément essentiel de l'identité, la
voie à suivre n'est évidemment pas celle d'une
lutte, perdue d'avance, contre l'anglais, mais celle
d'un engagement de chacun pour le maintien et
l'avancement de la langue nationale, et aussi pour
le maintien et le renforcement des relations avec
les autres langues.

Sur l'Internet, lorsqu'on s'applique à faire le

tour des sites islandais — qui doivent être, par rapport au chiffre de la population, parmi les plus nombreux du monde —, on constate trois choses : qu'ils sont pratiquement tous en langue islandaise ; que la plupart comportent une option permettant de passer, en un déclic, à la version anglaise ; et que plusieurs d'entre eux proposent également une troisième langue, souvent le danois ou l'allemand. J'aimerais, quant à moi, que d'autres langues encore soient proposées, et de façon plus systématique ; mais la voie suivie me paraît judicieuse.

Je m'explique : qu'une bonne connaissance de l'anglais soit aujourd'hui nécessaire si l'on désire communiquer avec l'ensemble de la planète, c'est une évidence qu'il serait vain de contester ; mais il serait tout aussi vain de prétendre que l'anglais est suffisant. Même s'il répond parfaitement à certains de nos besoins actuels, il y en a d'autres auxquels il ne répond pas ; notamment le besoin d'identité...

Pour les Américains, les Anglais, et quelques autres, il est, bien sûr, la langue identitaire, mais pour le reste de l'humanité, soit plus des neuf dixièmes de nos contemporains, il ne peut jouer ce rôle, et il serait dangereux de le lui faire jouer, sauf à vouloir créer des légions d'êtres désaxés, égarés, à la personnalité distordue. Pour qu'une personne puisse se sentir à l'aise dans le monde d'aujourd'hui, il est essentiel qu'elle ne soit pas obligée, pour y pénétrer, d'abandonner sa langue identitaire. Nul ne devrait être contraint à « s'expatrier » mentalement chaque fois qu'il ouvre un livre, chaque fois qu'il s'assied devant un écran, chaque fois qu'il discute ou réfléchit. Chacun devrait pouvoir s'approprier la modernité, au lieu d'avoir constamment l'impression de l'emprunter aux autres.

De plus, et c'est là l'aspect qui me semble le plus important à souligner aujourd'hui, la langue identitaire et la langue globale ne suffisent plus. Pour toutes les personnes qui en ont les moyens, et l'âge, et les capacités, il faut aller au-delà.

Qu'un Français et un Coréen puissent, en se retrouvant, s'exprimer l'un et l'autre en anglais, et discuter, et conclure des affaires, c'est sans doute un progrès par rapport au passé ; mais qu'un Français et un Italien ne puissent plus se parler qu'en anglais est indiscutablement une régression, et un appauvrissement de leur relation.

Que dans une bibliothèque de Madrid, de nombreux lecteurs puissent apprécier Faulkner ou Steinbeck dans la langue d'origine, c'est une excellente chose ; mais il serait regrettable qu'un jour plus personne ne puisse y lire Flaubert, ou Musil, ou Pouchkine, ou Strindberg dans le texte.

De ces remarques, je cherche à tirer une conclusion qui me paraît fondamentale : se contenter, en matière de langues, du strict minimum nécessaire serait contraire à l'esprit de notre époque, même si les apparences semblent suggérer autre chose. Entre la langue identitaire et la langue globale, il y a un vaste espace, un immense espace qu'il faut savoir remplir...

Pour illustrer mon propos, je voudrais prendre cette fois un exemple des plus complexes, et des plus lourds de conséquences — celui de l'Union européenne. Voilà un ensemble de pays qui ont eu, chacun, sa propre trajectoire historique, son propre rayonnement culturel, et qui ont entrepris de faire converger leurs destins. Seront-ils, dans cinquante ans, fédérés, confédérés, irréversiblement soudés, ou au contraire éparpillés ? Leur Union s'étendra-t-elle vers l'Europe orientale, vers la Méditerranée, et jusqu'à quelles limites ? Englobera-t-elle les Balkans ? le Maghreb ? la Turquie ? le Proche-Orient ? le Caucase ? De la réponse à ces interrogations dépendront bien des choses dans le monde de demain, notamment les rapports entre les diverses civilisations, les diverses religions — le christianisme, l'islam et le judaïsme. Mais quel que soit l'avenir de la construction européenne, quelle que soit la forme de l'Union et quelles que soient les nations partenaires, une question se pose aujourd'hui et se posera encore pour de nombreuses générations à venir : comment gérer la multiplicité des langues, qui se comptent par dizaines ?

Dans bien d'autres domaines, on unifie, on aligne, on normalise à tour de bras ; dans celui-là, on demeure circonspect. Il pourrait bien y avoir demain, en plus de la monnaie unique et d'une législation unifiée, une même armée, une même police et un même gouvernement ; mais qu'on tente d'escamoter la plus lilliputienne des langues, et l'on déchaînera les réactions les plus passionnelles, les plus incontrôlables. Pour éviter les drames, on préfère traduire, traduire, traduire, quel qu'en soit le coût...

Entre-temps, une unification de fait est en train de s'opérer, que personne n'a décidée, dont beaucoup s'irritent, mais que les réalités quotidiennes imposent à tous. Dès lors qu'un Italien, un Allemand, un Suédois et un Belge se retrouvent autour d'un verre, fussent-ils étudiants, journalistes, hommes d'affaires, syndicalistes ou fonctionnaires, ils ont forcément recours à une langue commune. Si la construction européenne s'était faite cent ans ou même cinquante ans plus tôt, c'eût été le français ; aujourd'hui, c'est l'anglais.

Pourra-t-on concilier indéfiniment ces deux exigences impératives, à savoir la volonté de préserver à chacun son identité spécifique et la nécessité de se parler et d'échanger constamment entre Européens, avec le moins d'entraves possible ? Pour sortir de ce dilemme, pour éviter que les gens ne se retrouvent dans quelques années engagés dans des conflits linguistiques amers et sans issue, il ne suffit pas de laisser faire le temps, nous savons trop bien ce que le temps fera.

La seule voie possible est celle d'une action volontaire qui consoliderait la diversité linguistique, et l'installerait dans les mœurs, en partant d'une idée simple : aujourd'hui, toute personne a besoin, à l'évidence, de trois langues. La première, sa langue identitaire ; la troisième, l'anglais. Entre les deux, il faut obligatoirement promouvoir une deuxième langue, librement choisie, qui serait souvent, mais pas toujours, une autre langue européenne. Pour chacun elle serait, dès l'école, la principale langue étrangère, mais elle serait bien plus que cela aussi, la langue de cœur, la langue adoptive, la langue épousée, la langue aimée...

Demain, les relations entre l'Allemagne et la France seront-elles entre les mains des anglophones des deux pays, ou bien entre les mains des Allemands francophones et des Français germanophones ? La réponse ne devrait faire aucun doute. Et entre l'Espagne et l'Italie ? Et entre tous les partenaires européens ? Il suffirait d'un peu de bon sens, d'un peu de lucidité, d'un peu de volonté, pour que les courants d'échanges, commerciaux, culturels et autres, soient principalement aux mains de ceux qui portent au partenaire un intérêt particulier, et qui l'ont démontré par un engagement culturel significatif — en épousant sa langue identitaire ; eux seuls peuvent aller beaucoup plus loin dans la relation.

Il y aurait ainsi, dans les années à venir, à côté des « généralistes », qui connaîtraient seulement leur propre langue et l'anglais, des « spécialistes » qui posséderaient, en plus de ce bagage minimal, leur langue privilégiée de communication, librement choisie selon leurs propres affinités, et par laquelle s'accomplirait leur épanouissement personnel et professionnel. Ce sera toujours un sérieux handicap de ne pas connaître l'anglais, mais ce sera aussi, et de plus en plus, un sérieux handicap de ne connaître que l'anglais. Y compris pour ceux dont l'anglais est la langue maternelle.

Préserver sa propre langue identitaire, ne jamais la laisser à la traîne, pour que ceux qui la parlent ne soient pas contraints de s'en détourner s'ils veulent avoir accès à ce que leur propose la civilisation d'aujourd'hui ; généraliser sans états d'âme l'enseignement de l'anglais, troisième langue, en expliquant inlassablement aux jeunes à quel point il est à la fois nécessaire et insuffisant ; encourager, dans le même temps, la diversité linguistique, faire en sorte qu'il y ait, au sein de chaque nation, de nombreuses personnes qui maîtrisent l'espagnol, le français, le portugais, l'allemand, et aussi l'arabe, le japonais, le chinois, et cent autres langues pour lesquelles la spécialisation est plus rare, et donc plus précieuse pour la personne comme pour la collectivité — telle me semble être la voie de la sagesse pour qui souhaite tirer du formidable essor des communications l'enrichissement, à tous les niveaux, plutôt que l'appauvrissement, plutôt que la méfiance généralisée, et le trouble dans les esprits.

Je ne nierai pas que l'orientation que je suggère pour préserver la diversité culturelle exige une certaine dose de volontarisme. Mais si on se dispensait de fournir cet effort, si on laissait les choses suivre leur pente actuelle, et si la civilisation universelle qui est en train de se forger sous nos yeux continuait à apparaître, dans les années à venir, comme essentiellement américaine, comme essentiellement anglophone, ou même comme essentiellement occidentale, il me semble que tout le monde y perdrait. Les Etats-Unis, parce qu'ils s'aliéneraient une bonne partie de la planète, qui supporte mal les rapports de force actuels ; les tenants des cultures non occidentales, parce qu'ils perdraient progressivement tout ce qui constitue leur raison d'être, et se retrouveraient entraînés dans une révolte sans issue ; et plus que tous, peut-être, l'Europe, qui perdrait sur les deux tableaux, puisqu'elle serait la cible première de ceux qui s'estimeront exclus, tout en étant incapable de maintenir sa propre diversité linguistique et culturelle.

4

J'ai failli donner à cet essai un titre double : les identités meurtrières, ou comment apprivoiser la panthère. Pourquoi la panthère ? Parce qu'elle tue si on la persécute et qu'elle tue si on lui laisse libre cours, le pire étant de la lâcher dans la nature après l'avoir blessée. Mais la panthère, aussi, parce qu'on peut l'apprivoiser, justement.

C'est un peu ce que j'avais l'ambition de dire, dans ce livre, à propos du désir d'identité. Qu'il ne doit être traité ni par la persécution ni par la complaisance, mais observé, étudié sereinement, compris, puis dompté, apprivoisé, si l'on veut éviter que le monde ne se transforme en jungle, si l'on veut éviter que l'avenir ne ressemble aux pires images du passé, si l'on veut éviter que dans cinquante ans, dans cent ans, nos fils ne soient encore obligés d'assister, comme nous impuissants, aux massacres, aux expulsions, et autres « purifications » — d'y assister, et quelquefois de les subir.

Et je me suis imposé de dire, chaque fois que j'en ressentais la nécessité, par quels moyens la « panthère » pourrait être tenue en laisse. Non que je détienne des vérités qui m'y autorisent ; seulement, il ne me paraissait pas responsable, dès lors que je m'étais engagé dans cette réflexion, de me contenter d'émettre des vœux et d'aligner des impératifs. Il fallait aussi que je signale, au fil des pages, quelques voies qui me paraissent prometteuses, et d'autres qui me semblent bouchées.

Ce livre n'en est pas, pour autant, un catalogue de remèdes ; s'agissant de réalités aussi complexes, et aussi dissemblables, aucune formule ne peut être transposée telle quelle d'un pays à l'autre. C'est à dessein que j'utilise le mot « formule ». Au Liban, il revient sans cesse dans les conversations pour désigner l'arrangement selon lequel le pouvoir est réparti entre les nombreuses communautés religieuses. Depuis mon plus jeune âge, je l'entends autour de moi, en anglais, en français, et surtout en arabe, « *sigha* », un terme qui évoque les travaux d'orfèvrerie.

Dans ce qu'elle a de plus particulier, la « formule libanaise » mériterait à elle seule de longs développements, mais je ne l'évoquerai ici que dans ce qu'elle a, justement, de moins particulier, de plus exemplaire, de plus révélateur. Non pas l'inventaire des quelque vingt communautés — encore appelées « confessions » — avec leurs itinéraires propres, leurs frayeurs séculaires, avec leurs querelles sanglantes et leurs étonnantes réconciliations, mais simplement l'idée fondatrice, selon laquelle le respect des équilibres doit être assuré par un minutieux système de quotas.

Pour mieux situer mon propos, je commencerai par cette interrogation : lorsque, dans un pays, les habitants ont le sentiment d'appartenir à différentes communautés — religieuses, linguistiques, ethniques, raciales, tribales ou autres —, comment faut-il « gérer » cette réalité ? Faut-il tenir compte de ces appartenances ? et jusqu'à quel point ? Faut-il les ignorer, plutôt ? faire comme si on ne les voyait pas ?

L'éventail des réponses est large. Celle qu'imaginèrent les fondateurs du Liban moderne représente, très certainement, une option extrême. Respectable dans sa reconnaissance formelle des nombreuses communautés, mais poussant la logique de cette reconnaissance jusqu'à l'excès. Elle aurait pu être exemplaire, elle est devenue un contre-exemple. En grande partie à cause des réalités complexes du Proche-Orient, mais en partie aussi à cause des déficiences de la formule elle-même, de ses rigidités, de ses pièges, de ses incohérences.

Sans qu'il faille pour autant dénigrer l'expérience dans son ensemble. J'ai commencé par dire « respectable », parce qu'il est respectable d'avoir donné une place à chaque communauté plutôt que de laisser tout le pouvoir à l'une d'elles, condamnant les autres à se soumettre ou à disparaître ; respectable d'avoir imaginé un système aux équilibres subtils qui a favorisé l'éclosion des libertés et l'épanouissement des arts dans une région où prédominent les Etats à religion unique, à idéologie unique, à parti unique ou à langue unique, et où ceux qui n'ont pas le bonheur d'être nés du bon côté de la barrière communautaire n'ont d'autre choix que la soumission, l'exil, ou la mort. Pour toutes ces raisons, je continue et continuerai à dire que l'expérience libanaise, en dépit de ses échecs, demeure à mes yeux bien plus honorable que d'autres expériences du Proche-Orient et d'ailleurs, qui n'ont pas débouché sur une guerre civile, ou pas encore, mais qui ont bâti leur relative stabilité sur la répression, l'oppression, la « purification » sournoise et la discrimination de fait.

Partie d'une idée respectable, donc, la formule libanaise s'est cependant pervertie. Une dérive exemplaire dans la mesure où elle montre clairement les limites du système des quotas, et de toute vision « communautariste ».

Le premier souci des « inventeurs » de la formule libanaise était d'éviter que, lors d'une élection, un candidat chrétien et un candidat musulman ne se retrouvent face à face, et que chaque communauté ne se mobilise alors spontanément autour de « son fils » ; la solution adoptée fut de répartir à l'avance les différents postes, de manière que la confrontation ne se produise jamais entre deux communautés, mais entre des candidats appartenant à la même. Une idée astucieuse et sensée, en théorie. Cependant, lorsqu'on entreprit de l'appliquer à tous les niveaux du pouvoir, de la présidence de la République au Parlement et à la fonction publique, ce qui est arrivé en réalité, c'est que chaque poste important est devenu la « propriété » d'une seule communauté !

Dans ma jeunesse, j'ai souvent hurlé contre ce système aberrant où, entre deux candidats à une fonction, on ne choisissait pas le plus compétent, mais celui dont la communauté « avait droit » à ce poste. Aujourd'hui encore, quand l'occasion m'en est donnée, je réagis de la même manière. La seule différence, c'est qu'à dix-neuf ans, j'aurais voulu remplacer ce système par n'importe quoi. A quarante-neuf ans, je souhaite toujours le voir remplacer, mais pas par n'importe quoi.

Ecrivant cela, je regarde un peu par-delà le Liban. Si le système qui y a été instauré s'est avéré pervers, je ne crois pas qu'il faille tirer de cette vérité des conclusions plus perverses encore. Comme d'estimer, par exemple, que les sociétés à communautés multiples « ne sont pas faites pour la démocratie », et que seul un pouvoir très musclé serait capable d'y maintenir la paix civile.

Même de la part de certains démocrates, on entend souvent encore ce genre de discours, qui se veut « réaliste » bien que les événements des dernières années soient venus le contredire. Si la démocratie ne réussit pas toujours à résoudre les problèmes dits « ethniques », il n'a jamais été démontré que la dictature y réussissait mieux. Le régime yougoslave du parti unique s'est-il révélé plus apte à maintenir la paix civile que le multipartisme libanais ? Le maréchal Tito pouvait apparaître, il y a trente ans, comme un moindre mal, puisque le monde ne voyait plus les différents peuples s'entre-tuer. Aujourd'hui on découvre qu'aucun problème de fond n'avait été résolu, bien au contraire.

Ce qui vient de se produire dans la plupart des pays de l'ancien monde communiste est si présent encore dans les esprits qu'il dispense d'une trop longue démonstration. Mais peut-être n'est-il pas superflu d'insister sur le fait que les pouvoirs qui empêchent toute vie démocratique favorisent, en réalité, le renforcement des appartenances traditionnelles ; quand la suspicion s'installe au sein d'une société, les dernières solidarités à se maintenir sont les plus viscérales ; et quand toutes les libertés politiques ou syndicales ou académiques sont entravées, les lieux de culte deviennent les seuls lieux où l'on puisse se rassembler et discuter et se sentir unis face à l'adversité. Que de gens sont entrés dans l'univers soviétique « prolétariens » et « internationalistes », pour en sortir plus « religieux » et plus « nationalistes » que jamais. Avec le recul du temps, les dictatures prétendument « laïques » apparaissent comme des pépinières du fanatisme religieux. Une laïcité sans démocratie est un désastre à la fois pour la démocratie et pour la laïcité.

Mais je m'arrête là, à quoi bon s'appesantir sur cette réfutation ? Pour qui aspire à un monde de liberté et de justice, la dictature n'est, de toute manière, pas une solution acceptable, sans même qu'on ait besoin de gloser spécifiquement sur son incapacité manifeste à résoudre les problèmes liés à l'appartenance religieuse, à l'appartenance ethnique, ou à l'identité. Le choix ne peut se situer que dans le cadre de la démocratie.

Seulement, en ayant dit cela, je ne suis pas beaucoup plus avancé. Car il ne suffit pas de dire « démocratie » pour que la coexistence harmonieuse s'installe. Il y a démocratie et démocratie, et les dérives ici ne sont pas moins meurtrières que celles de la dictature. Deux voies me paraissent particulièrement dangereuses pour la sauvegarde de la diversité culturelle, comme pour le respect des principes fondamentaux de la démocratie elle-même : celle, bien sûr, d'un système de quotas poussé jusqu'à l'absurde, mais également l'option inverse, celle d'un système qui ne respecte que la loi du nombre, sans aucun garde-fou.

Pour la première de ces voies, l'exemple libanais est évidemment l'un des plus révélateurs, même s'il n'est pas le seul. On partage le pouvoir entre les communautés, à titre provisoire, nous dit-on, dans l'espoir d'atténuer les tensions, et en se promettant de pousser les gens, progressivement, vers un sentiment d'appartenance à la « communauté nationale ». Mais la logique du système va dans une tout autre direction : dès lors qu'il y a partage du « gâteau », chaque communauté a tendance à estimer que sa part est trop maigre, qu'elle est victime d'une injustice flagrante, et il se trouve des politiciens pour faire de ce ressentiment un thème permanent de leur propagande.

Peu à peu, les dirigeants qui ne se livrent pas à la surenchère se retrouvent marginalisés. Le sentiment d'appartenance aux différentes « tribus » se renforce alors, au lieu de s'affaiblir, et le sentiment d'appartenance à la communauté nationale se rétrécit, jusqu'à disparaître, ou presque. Toujours dans l'amertume, et parfois dans un bain de sang. Si l'on est en Europe occidentale, cela donne la Belgique ; si l'on est au Proche-Orient, cela donne le Liban.

Je schématise un peu, mais c'est vers ce scénario que l'on s'oriente dès lors qu'on franchit, dans le traitement des problèmes « ethniques », une certaine ligne, celle qui laisse les appartenances communautaires se transformer en identités de substitution au lieu de les englober dans une identité nationale redéfinie, élargie.

Reconnaître, au sein de la collectivité nationale, un certain nombre d'appartenances — linguistiques, religieuses, régionales, etc. — peut souvent atténuer les tensions, et assainir les rapports entre les différents groupes de citoyens ; mais c'est là un processus délicat dans lequel on ne peut s'engager à la légère, parce qu'il suffit de peu de chose pour qu'il produise l'effet inverse de celui qu'on avait souhaité. On voulait faciliter l'intégration d'une communauté minoritaire et l'on découvre, vingt ans après, qu'on l'a confinée dans un ghetto dont elle ne parvient plus à sortir ; et qu'au lieu d'assainir le climat entre les différents groupes de citoyens, on a mis en place un système de surenchères, de récriminations et de revendications hargneuses qui ne pourra plus s'interrompre, avec des politiciens qui en ont fait leur raison d'être et leur fonds de commerce.

Toute pratique discriminatoire est dangereuse, même lorsqu'elle s'exerce en faveur d'une communauté qui a souffert. Non seulement parce qu'on remplace ainsi une injustice par une autre, et qu'on renforce la haine et la suspicion, mais pour une raison de principe plus grave encore à mes yeux : tant que la place d'une personne dans la société continue à dépendre de son appartenance à telle ou telle communauté, on est en train de perpétuer un système pervers qui ne peut qu'approfondir les divisions ; si l'on cherche à réduire les inégalités, les injustices, les tensions raciales ou ethniques ou religieuses ou autres, le seul objectif raisonnable, le seul objectif honorable, c'est d'œuvrer pour que chaque citoyen soit traité comme un citoyen à part entière, quelles que soient ses appartenances. Bien entendu, un

tel horizon ne peut être atteint du jour au lendemain, mais ce n'est pas une raison pour conduire
l'attelage dans la direction opposée.

5

Les dérapages du système des quotas et du
« communautarisme » ont provoqué tant de
drames, dans diverses régions du monde, qu'ils
semblent donner raison à l'attitude inverse, celle
qui préfère ignorer les différences et s'en remettre,
en toutes choses, au jugement réputé infaillible de
la majorité.

A première vue, cette position semble refléter le
pur bon sens démocratique : qu'il y ait parmi les
citoyens des musulmans, des juifs, des chrétiens,
des Noirs, des Asiatiques, des Hispaniques, des
Wallons, des Flamands, on ne veut pas le savoir,
chacun d'eux a une voix aux élections, et il n'y a
pas de meilleure loi que celle du suffrage universel ! L'ennui, avec cette vénérable « loi », c'est
qu'elle cesse de fonctionner correctement dès que
le ciel s'assombrit. En Allemagne, au début des
années 1920, le suffrage universel servait à consti-
tuer des coalitions gouvernementales reflétant
l'état de l'opinion ; au début des années 1930, ce
même suffrage universel, exercé dans un climat
de crise sociale aiguë et de propagande raciste,
conduisit à l'abolition de la démocratie ; lorsque

le peuple allemand put de nouveau s'exprimer dans la sérénité, il y avait déjà eu des dizaines de millions de morts. La loi de la majorité n'est pas toujours synonyme de démocratie, de liberté et d'égalité ; parfois, elle est synonyme de tyrannie, d'asservissement et de discrimination.

Lorsqu'une minorité est opprimée, le vote libre ne la libère pas forcément, il pourrait même l'opprimer davantage. Il faut avoir beaucoup de naïveté — ou, à l'inverse, beaucoup de cynisme — pour soutenir qu'en laissant le pouvoir à une faction majoritaire, on réduit les souffrances des minorités. Au Rwanda, on estime que les Hutus représentent environ neuf dixièmes de la population, et les Tutsis un dixième. Un scrutin « libre » n'y serait aujourd'hui rien d'autre qu'un recensement ethnique, et si l'on cherchait à y appliquer la loi de la majorité sans aucun garde-fou, on aboutirait inévitablement à un massacre, ou à une dictature.

Je n'ai pas cité cet exemple par hasard. Lorsqu'on s'intéresse de près au débat politique qui a accompagné les massacres de 1994, on se rend compte que les fanatiques ont toujours prétendu agir au nom de la démocratie, allant même jusqu'à comparer leur soulèvement à la Révolution française de 1789, et l'extermination des Tutsis à l'élimination d'une caste de privilégiés, comme l'avaient fait Robespierre et ses amis du temps où trônait la guillotine. Certains prêtres catholiques se sont même laissé convaincre qu'ils devaient se trouver « du côté des pauvres », et « comprendre leur colère », au point qu'ils se sont rendus complices d'un génocide.

Si une telle argumentation m'inquiète, ce n'est

pas seulement parce qu'elle cherche à ennoblir le geste méprisable de l'égorgeur, c'est aussi parce qu'elle montre de quelle manière les principes les plus nobles peuvent être « détournés ». Les massacres ethniques se déroulent toujours sous les plus beaux prétextes — justice, égalité, indépendance, droit des peuples, démocratie, lutte contre les privilèges. Ce qui s'est passé dans divers pays ces dernières années devrait nous rendre méfiants chaque fois qu'une notion à vocation universelle est utilisée dans le cadre d'un conflit à caractère identitaire.

Parmi les communautés humaines qui subissent la discrimination, certaines sont majoritaires dans leur pays, comme ce fut le cas en Afrique du Sud jusqu'à l'abolition de l'apartheid. Mais le plus souvent, c'est l'inverse, ce sont les minoritaires qui souffrent, qui sont privés de leurs droits les plus élémentaires, qui vivent constamment dans la terreur, dans l'humiliation. Si l'on vit dans un pays où l'on a peur d'avouer qu'on se prénomme Pierre, ou Mahmoud, ou Baruch, et que cela dure depuis quatre générations, ou quarante ; si l'on vit dans un pays où l'on n'a même pas besoin de faire un tel « aveu », parce qu'on porte déjà sur son visage la couleur de son appartenance, parce qu'on fait partie de ceux qu'on appelle dans certaines contrées « les minorités visibles » ; alors on n'a pas besoin de longues explications pour comprendre que les mots de « majorité » et de « minorité » n'appartiennent pas toujours au vocabulaire de la démocratie.

Pour qu'on puisse parler de démocratie, il faut

que le débat d'opinion puisse se dérouler dans un climat de relative sérénité ; et pour qu'un scrutin ait un sens, il faut que le vote d'opinion, le seul qui soit une expression libre, ait remplacé le vote automatique, le vote ethnique, le vote fanatique, le vote identitaire. Dès que l'on se trouve dans une logique communautariste, ou raciste, ou totalitaire, le rôle des démocrates, partout dans le monde, n'est plus de faire prévaloir les préférences de la majorité, mais de faire respecter les droits des opprimés, au besoin contre la loi du nombre.

Ce qui est sacré, dans la démocratie, ce sont les valeurs, pas les mécanismes. Ce qui doit être respecté, absolument et sans la moindre concession, c'est la dignité des êtres humains, de tous les êtres humains, femmes, hommes et enfants, quelles que soient leurs croyances ou leur couleur, et quelle que soit leur importance numérique ; le mode de scrutin doit être adapté à cette exigence.

Si le suffrage universel peut s'exercer librement sans déboucher sur trop d'injustice, tant mieux ; sinon, il faut imaginer des garde-fous. Les grandes démocraties y ont toutes recours, à un moment ou à un autre. Au Royaume-Uni, où le scrutin majoritaire est souverain, dès qu'on a voulu résoudre le problème de la minorité catholique en Irlande du Nord, on a imaginé des modes de scrutin différents, qui ne prennent pas seulement en compte la loi impitoyable du nombre. En France, on a récemment mis en place, pour la Corse, où se pose un problème spécifique, un mode de scrutin régional différent de celui du reste du pays. Aux Etats-Unis, le Rhode Island, avec un million d'habitants, a deux sénateurs, et les trente millions de Californiens ont également deux sénateurs, une entorse à la loi du nombre, introduite par les pères fondateurs pour éviter que les plus gros Etats n'écrasent les plus faibles.

Mais je voudrais revenir, d'un mot, sur l'Afrique du Sud. Parce qu'un slogan y fut brandi naguère, qui peut prêter à confusion, celui de *majority rule*, ou gouvernement de la majorité. Dans le contexte de l'apartheid, c'était un raccourci compréhensible, à condition de préciser, comme le firent des hommes comme Nelson Mandela, que le but n'était pas de remplacer un gouvernement blanc par un gouvernement noir, ni de substituer une discrimination à une autre, mais de donner à tous les citoyens, quelle que soit leur origine, les mêmes droits politiques, libre à eux d'élire, à partir de là, les dirigeants de leur choix, fussent-ils d'ascendance africaine ou européenne ou asiatique ou mélangée.

Et rien n'interdit de penser qu'un jour, un Noir serait élu président des Etats-Unis et un Blanc président de l'Afrique du Sud. Pareille éventualité ne paraît cependant envisageable qu'au bout d'un processus efficace d'harmonisation interne, d'intégration et de maturation, lorsque chaque candidat pourra enfin être jugé par ses propres concitoyens sur ses qualités humaines et sur ses opinions et non sur ses appartenances héritées. Il va de soi qu'on n'en est pas là. Nulle part, à vrai dire. Ni aux Etats-Unis, ni en Afrique du Sud, ni ailleurs. Les choses se passent beaucoup mieux dans certains pays que dans d'autres ; mais, j'ai beau chercher sur la mappemonde, je n'en trouve pas un seul où l'appartenance religieuse ou ethnique de tous les candidats soit indifférente à leurs électeurs.

Même dans les démocraties les plus anciennes, certaines rigidités persistent. Il me semble qu'il serait aujourd'hui encore difficile à un « catholique romain » de se retrouver Premier ministre à Londres. En France, il n'y a plus aucun préjugé à l'encontre de la minorité protestante, dont les membres, croyants ou pas, peuvent briguer les plus hautes fonctions sans que l'électorat prenne en compte autre chose que leurs mérites personnels et leurs options politiques ; en revanche, sur les quelque six cents circonscriptions métropolitaines, aucune n'a élu un musulman à l'Assemblée nationale. Un vote ne fait que refléter la vision qu'une société a d'elle-même, et de ses diverses composantes. Il peut aider à faire le diagnostic, mais il n'apporte jamais à lui seul le remède.

Peut-être aurais-je dû m'abstenir d'évoquer si longuement dans les dernières pages les cas du Liban, du Rwanda, de l'Afrique du Sud ou de l'ancienne Yougoslavie. Les drames qui les ont ensanglantés au cours des dernières décennies ont tellement défrayé la chronique que toutes les autres tensions pourraient paraître, en comparaison, bénignes, et même négligeables. Pourtant — faut-il le répéter ? — il n'existe pas un seul pays, aujourd'hui, où l'on puisse se dispenser de réfléchir à la manière de faire vivre ensemble des populations différentes, fussent-elles locales ou immigrées. Partout il y a des tensions, plus ou moins habilement contenues, et qui ont généralement tendance à s'aggraver. Souvent, d'ailleurs, le

problème se pose à plusieurs niveaux simultanément ; en Europe, par exemple, la plupart des
Etats ont à la fois des problèmes régionaux ou linguistiques, des problèmes liés à la présence de
communautés immigrées, ainsi que des problèmes « continentaux », qui sont aujourd'hui
moins aigus mais qui se manifesteront à mesure
que l'intégration des pays de l'Union se fera,
puisqu'il faudra là encore organiser la « vie commune » d'une vingtaine, d'une trentaine de
nations ayant chacune son histoire, sa langue, et
ses susceptibilités propres.

Bien sûr, il faut garder le sens des proportions.
Toutes les fièvres ne sont pas annonciatrices de la
peste. Mais aucune fièvre ne devrait être traitée
par un haussement d'épaules. Ne s'inquiète-t-on
pas aussi de la propagation de la grippe ? et ne
surveille-t-on pas constamment les évolutions du
virus ?

Il va de soi que tous les « patients » ne
requièrent pas le même traitement. Dans certains
cas, des « garde-fous » institutionnels doivent être
mis en place, et parfois même, dans les pays « à
antécédents graves », une supervision active de la
part de la communauté internationale, afin
d'empêcher les massacres et les discriminations,
et de préserver la diversité culturelle ; pour la plupart des autres, il suffit de correctifs plus subtils,
visant surtout à assainir l'atmosphère sociale et
intellectuelle. Mais partout se fait sentir la nécessité d'une réflexion sereine et globale sur la
meilleure manière d'apprivoiser la bête identitaire.

Epilogue

Ceux qui ont suivi mon cheminement jusqu'ici ne seront pas surpris de lire qu'à mon sens, cette réflexion devrait partir d'une idée centrale : que toute personne puisse s'identifier, ne serait-ce qu'un peu, au pays où elle vit, et à notre monde d'aujourd'hui. Ce qui implique un certain nombre de comportements, et d'habitudes à prendre, tant de la part de la personne elle-même que de la part de ses interlocuteurs, individus ou collectivités.

Chacun d'entre nous devrait être encouragé à assumer sa propre diversité, à concevoir son identité comme étant la somme de ses diverses appartenances, au lieu de la confondre avec une seule, érigée en appartenance suprême, et en instrument d'exclusion, parfois en instrument de guerre. Pour tous ceux, notamment, dont la culture originelle ne coïncide pas avec celle de la société où ils vivent, il faut qu'ils puissent assumer sans trop de déchirements cette double appartenance, maintenir leur adhésion à leur culture d'origine, ne pas se sentir obligés de la dissimuler comme une maladie honteuse, et s'ouvrir parallèlement à la culture du pays d'accueil.

Formulé ainsi, ce précepte semble concerner principalement les migrants, mais il concerne aussi ceux qui, ayant toujours vécu au sein d'une même société, gardent cependant un lien affectif avec leur culture d'origine — je pense entre autres aux Noirs d'Amérique, dont l'appellation actuelle, *african americans,* dit clairement ce qu'il en est de leur double appartenance ; ce précepte concerne également tous ceux qui, pour des raisons religieuses, ethniques, sociales ou autres, se sentent « minorés », se sentent « à part », dans la seule patrie qu'ils aient jamais eue. Pour tous, pouvoir vivre dans la sérénité leurs diverses appartenances est essentiel à leur propre épanouissement, comme à la paix civile.

De la même manière, les sociétés devraient assumer, elles aussi, les appartenances multiples qui ont forgé leur identité à travers l'Histoire, et qui la cisèlent encore ; elles devraient faire l'effort de montrer, à travers des symboles visibles, qu'elles assument leur diversité, afin que chacun puisse s'identifier à ce qu'il voit autour de lui, que chacun puisse se reconnaître dans l'image du pays où il vit, et se sente encouragé à s'y impliquer plutôt que de demeurer, comme c'est trop souvent le cas, un spectateur inquiet, et quelquefois hostile.

Bien entendu, toutes les appartenances qu'un pays se reconnaît n'ont pas la même importance, il ne s'agit pas de proclamer une égalité de façade qui ne correspondrait à rien, mais d'affirmer la légitimité des diverses expressions. A titre d'exemple, il ne fait pas de doute que, du point de vue religieux, la France est un pays où la principale tradition est catholique ; ce qui ne devrait pas l'empêcher de se reconnaître aussi une dimension protestante, une dimension juive, une dimension musulmane, et aussi une dimension « voltairienne », profondément méfiante à l'égard de toute religion ; chacune de ces dimensions — et la liste n'est pas exhaustive — a joué et joue encore un rôle significatif dans la vie du pays, et dans sa perception profonde de son identité.

Par ailleurs, il est certain que la langue française possède, elle aussi, une identité à multiples appartenances ; d'abord latine, oui, mais également germanique, celtique, avec des apports africains, antillais, arabes, slaves, ainsi que d'autres influences, plus récentes, qui l'enrichissent sans nécessairement l'altérer.

Je n'ai cité ici que le cas de la France, sur lequel j'aurais pu m'étendre, d'ailleurs, bien davantage. Il va de soi que chaque société a sa propre représentation, très singulière, d'elle-même et de son identité. Pour les pays du Nouveau Monde, et notamment pour les Etats-Unis, reconnaître que leur identité est faite d'appartenances multiples ne pose pas de problèmes dans le principe, puisqu'ils se sont constitués par des apports d'immigrés venus de tous les continents. Mais ces migrants ne sont pas tous arrivés dans les mêmes conditions. Les uns cherchaient une vie meilleure, d'autres ont été enlevés et conduits là malgré eux. C'est à l'issue d'un long, d'un très long et difficile processus, non encore achevé, que tous les fils d'immigrés, ainsi que les descendants de ceux qui vivaient déjà là à l'époque précolombienne, pourront s'identifier pleinement à la société où ils vivent. Mais là, c'est bien plus la mise en œuvre qui pose problème que le principe de diversité.

Ailleurs, la question de l'identité nationale se pose différemment. En Europe occidentale, qui est devenue, dans les faits, terre d'immigration mais qui ne s'estimait pas telle par vocation, certains peuples ont encore du mal à concevoir leur identité autrement que par référence exclusive à leur propre culture. C'est surtout vrai de ceux qui ont longtemps été divisés, ou privés de leur indépendance ; pour eux, la continuité à travers l'Histoire n'a pas été assurée par un Etat et un territoire national, mais par les liens culturels et ethniques. Cela dit, l'Europe prise dans son ensemble, dans la mesure où elle tend vers l'unité, devra bien, elle, concevoir son identité comme la somme de toutes ses appartenances linguistiques, religieuses et autres. Si elle ne revendique pas chaque élément de son histoire, et si elle ne dit pas clairement à ses futurs citoyens qu'ils doivent pouvoir se sentir pleinement européens sans cesser d'être allemands ou français ou italiens ou grecs, elle ne pourra tout simplement pas exister.

Forger l'Europe nouvelle, c'est forger une nouvelle conception de l'identité, pour elle, pour chacun des pays qui la composent, et un peu aussi pour le reste du monde.

S'agissant de cet exemple, comme de l'exemple américain, comme de beaucoup d'autres, il y aurait tant et tant de choses à dire, mais je résiste à la tentation d'entrer dans les détails, pour me contenter d'évoquer simplement un aspect, à mes yeux important, du « fonctionnement » de l'identité : à partir du moment où l'on adhère à un pays ou à un ensemble tel que l'Europe unie, on ne peut que ressentir une certaine parenté avec chacun des éléments qui le composent ; on garde, certes, un rapport très particulier avec sa propre culture, et une certaine responsabilité envers elle, mais des relations se tissent également avec les autres composantes. A partir du moment où un Piémontais se sent italien, il ne peut que s'intéresser à l'histoire de Venise et de Naples, même s'il réserve une tendresse particulière à Turin et à son passé. De la même manière, à mesure que cet Italien se sentira européen, les trajectoires d'Amsterdam ou de Lübeck lui seront de moins en moins indifférentes, de moins en moins étrangères. La chose prendra peut-être deux ou trois générations, pour certains un peu plus ; mais je connais des jeunes Européens qui se comportent déjà comme si le continent entier était leur patrie, et tous ses habitants leurs compatriotes.

Moi qui revendique à voix haute chacune de mes appartenances, je ne puis m'empêcher de rêver au jour où la région qui m'a vu naître suivra le même chemin, laissant derrière elle le temps des tribus, le temps des guerres saintes, le temps des identités meurtrières, pour construire quelque chose en commun ; je rêve du jour où je pourrai appeler tout le Proche-Orient, comme j'appelle le Liban et la France et l'Europe, « patrie », et « compatriotes » tous ses fils, musulmans, juifs et chrétiens de toutes dénominations et de toutes origines. Dans ma tête, qui constamment spécule et anticipe, c'est déjà le cas ; mais je voudrais qu'il en soit ainsi, un jour, sur le sol du réel, et pour tous.

A contrecœur, je referme la parenthèse, pour revenir à mon propos de départ, et redire, au plan global, ce que j'ai déjà dit à propos de chaque pays : il faudrait faire en sorte que personne ne se sente exclu de la civilisation commune qui est en train de naître, que chacun puisse y retrouver sa langue identitaire, et certains symboles de sa culture propre, que chacun, là encore, puisse s'identifier, ne serait-ce qu'un peu, à ce qu'il voit émerger dans le monde qui l'entoure, au lieu de chercher refuge dans un passé idéalisé.

Parallèlement, chacun devrait pouvoir inclure, dans ce qu'il estime être son identité, une composante nouvelle, appelée à prendre de plus en plus d'importance au cours du nouveau siècle, du nouveau millénaire : le sentiment d'appartenir aussi à l'aventure humaine.

Voilà à peu près ce que je voulais dire à propos du désir d'identité et de ses dérapages meurtriers. Si mon but était d'épuiser la question, je n'en suis encore qu'aux tout premiers balbutiements, à chaque paragraphe que j'ai écrit j'avais envie d'ajouter une vingtaine d'autres. Et à me relire, je ne suis pas sûr d'avoir eu dans ces pages le ton qu'il fallait — ni trop froid, ni trop enflammé —, ou les bons arguments pour convaincre, ou les formules les plus justes. Mais peu importe, j'ai seulement voulu lancer quelques idées, apporter un témoignage, et susciter une réflexion sur des thèmes qui me préoccupent depuis toujours, et de plus en plus à mesure que j'observe ce monde si fascinant, si déroutant, où il m'a été donné de naître.

D'ordinaire, lorsqu'un auteur arrive à la dernière page, son vœu le plus cher est que son livre soit encore lu dans cent ans, dans deux cents ans. Bien entendu, on n'en sait jamais rien. Il y a des

livres qu'on voulait éternels et qui meurent le lendemain, alors qu'un autre survit qu'on croyait être
un divertissement d'écolier. Mais toujours on
espère.

Pour ce livre, qui n'est ni un divertissement ni
une œuvre littéraire, je formulerai le vœu inverse :
que mon petit-fils, devenu homme, le découvrant
un jour par hasard dans la bibliothèque familiale,
le feuillette, le parcoure un peu, puis le remette
aussitôt à l'endroit poussiéreux d'où il l'avait
retiré, en haussant les épaules, et en s'étonnant
que du temps de son grand-père, on eût encore
besoin de dire ces choses-là.

AMIN MAALOUF

Les Identités meurtrières

GRASSET

© Editions Grasset & Fasquelle, 1998.

ISBN : 978-2-253-15005-3 - 1ʳᵉ publication - LGF

Né à Beyrouth en 1949, Amin Maalouf vit en France depuis 1976. Il est l'auteur de plusieurs livres dont *Léon l'Africain*, *Samarcande*, *Le Rocher de Tanios* (prix Goncourt 1993), *Les Identités meurtrières* et *Origines*. Il a reçu en 2010 le prix Prince des Asturies pour l'ensemble de son œuvre. Il est membre de l'Académie française depuis 2011.

Paru dans Le Livre de Poche :

ADRIANA MATER

L'AMOUR DE LOIN

LE DÉRÈGLEMENT DU MONDE

LES DÉSORIENTÉS

LES ÉCHELLES DU LEVANT

LES JARDINS DE LUMIÈRE

LÉON L'AFRICAIN

ORIGINES

LE PÉRIPLE DE BALDASSARE

LE PREMIER SIÈCLE APRÈS BÉATRICE

LE ROCHER DE TANIOS

SAMARCANDE